KB144569

2024/2025
일본에서 유행하는 것들

2024/2025
일본에서 유행하는 것들
日本で流行っているもの

일본 MZ 트렌드 리포트

이하나 지음

일본은 한국처럼 모든 것이 크고 빠르게 바뀌지 않는다.
하지만 분명한 건 더 다채로운 빛깔로 달라지고 있다는 것이다.

bs
브레인스토어

Contents

프롤로그

이 책은 도쿄에서 이래저래 10년 가까이 거주 중인 사람이 요즘 일본의 유행에 관해 쓴 것이다. 나는 재일교포 스포츠 칼럼니스트인 신무광 대표와의 고마운 인연으로 피치 커뮤니케이션이라는 회사에서 한국의 대중문화 소식을 일본에 전하는 일을 한다. 오랫동안 그런 환경에 있다 보면 마치 K팝과 K드라마가 온 세상을 지배하는 것 같은 착각에 빠진다. 그래서 어느 순간부터 일본의 영상 콘텐츠들과 거리두기를 하고 느려터진 일본사회의 변화 속도에 답답해하며 이제 문화든, 제품이든 뭐든 한국이 더 낫다고, 격세지감을 느끼곤 했다.

그런데 아무리 거리두기를 해봤자 몸뚱이는 일본에 있으니 무의식적으로 접하는 정보들은 무시할 수 없는 노릇이다. 날씨를 확인하기 위해 들어간 야후 재팬 앱의 메인에 걸린 뉴스 제목, 회사 동료와의 스몰토크로 알게 된 이슈, 길을 걷다가 눈에 들어온 광고판 같은 것들이 매일매일 뇌의 신경세포들을 자극한다. 심지어 2020 도쿄올림픽 때는 일본에 살고 있다는 이유로 한국 선수촌 자원봉사자로 활동하며 여러 오프 더 레코드 뉴스들을 접했다.

겁도 없이 이 책을 쓰겠다고 한 건 그런 식으로 내 안에 저장된 정보들을 탈탈 털면 어떻게든 될 거라는 배짱과, 한 번쯤 일본의 오늘과 제대로 마주해보고 싶은 생각이 있어서였다. 그래서 최근 1~2년 일본의 유행을 논하는 데 빠놓을 수 없으며 개인적으로도 호감도가 높은 아이템만 선별해 객관적인 정보를 정리하고 주관적인 견해를 곁들였다. 나는 일본을 연구하는 학자가 아닌 탓에 전문성은 다소 부족할 수 있겠지만 최선을 다해 요즘 일본의 트렌드, 이슈, 아이템을 살펴보고 한데 모았다.

일본이 호감인 사람, 비호감인 사람 모두가 흥미를 느끼는 지점을 마련하고자 너무 무겁지도, 너무 가볍지도 않으려고 노력했다. 우리는 모두 일본이라는 나라에 대해 각자 고유한 경험과 의견을 가지고 있다. 책에 언급된 저자의 개인적인 견해와 감상이 독자들에게 어떻게 전해질지, 얼마나 공감이 될지, 그렇지 않을지 나 역시 궁금하다. 기대와 걱정이 공존하는 마음이다.

유행은 유통기한이 끝난 직후에 가장 촌스러워지거나 아니면 변형되거나 결국엔 세상에서 흔적을 감춘다. 그럼에도 불구하고 우리의 삶은 늘 유행으로 가득하다. 일본도 마찬가지다. 일본의 아날로그 감성에 아무리 한국, 중국을 비롯한 아시아 곳곳의 관광객들이 열광한다지만, 알고 보면 일본도 MZ세대를 중심으로 새로운 유행이 빠르게 생겼다가 사라진다. 그런 대부분의 유행은 과거와 현재와 미래를 관통하는 것들이다. 그렇기 때문에 일본의 유행을 다룬 이 책은 일본여행의 추억을 소환하거나, 일본에 대한 지적 호기심을 충족하거나, 어쩌면 비즈니스의 힌트를 제공할 수도 있을 것이다. 뭐가 됐든 유익하고 즐거운 경험이길 바란다.

매일 온라인에 수많은 텍스트를 흩뿌리는 나의 소망은 언제나 동일하다. 부디 누군가에게는 그고 작은 도움이 되기를. 이 책 또한 그런 마음으로 썼다. 나도 알고 니도 아는 일본, 그리고 앞으로 우리가 함께 알게 될 일본은 어떤 모습일지, 호기심 많은 독자들이 이 책을 통해 미리 만나 보셨으면 좋겠다.

10円パン
issue. 1
10엔빵
일본으로 건너간
경주 십원빵의 변신
いい気分
いい香り
Pitch
co.
9F
9F
最強
8F
7F
マッサージ
スーパー
バランス
6F
喫茶店
一品
5F
4F
日本
MZ
トレンド
りゅうこう
流行
レポート

한 나라의 낯선 문화가 다른 나라로 전파될 때는 많든 적든 어느 정도는 현지화되기 마련이다. 일본에 거주하는 동안 일본인들의 성향과 입맛에 맞게 변형된 '한국 문화'를 수없이 접했다. 가장 쉽게 찾아볼 수 있는 장르는 역시 음식이다. 깊고 다채로운 맛은 없고 달기만 한 김치라든지, 고추장도 없이 비비지도 않은 채로 먹는 비빔밥 같은 것들을 보며 얼마나 안타까워했던가. 하지만 이제는 K팝 열풍과 함께 한국 문화에도 빠삭한 일본인들이 급증하고 있고, 한국에서 유행하는 것들이 실시간으로 일본에 전파되는 가운데, 작지만 의미 있는 변화가 눈에 띄기 시작했다. 일본이 확실하게 '원조'와 '변주'를 구별하게 된 것이다.

2023년에 '틱톡 상반기 트렌드 대상'과 '신어·유행어 대상'의 후보에 올랐고, 'Z세대 트렌드 어워드 2023' 물건 부문에서는 2위를 차지한 10엔빵도 그중 하나다. 일본의 각종 매체들은 MZ세대들 사이에서 대유행 중인 이 빵에 대해 '한국 경주의 십원빵을 일본풍으로 변형시킨 것'이라고 소개한다. 십원빵은 1966년부터 발행된 10원짜리 동전에 국보 제20호인 경주 불국사의 다보탑이 그려져 있기 때문에 경주의 명물 간식으로 팔리기 시작했고, 전국으로 퍼져 나갔다. 하지만 이런 유래까지 소개하기엔 설명이 길어질 것 같았는지, '한국이 발상지', '원조는 한국' 정도로만 간략히 언급한다. 하긴 10엔빵의 주요 고객층인 MZ세대들에게 유래 따위가 뭐 그리 중요할까 싶다.

　　10엔빵은 일본의 10엔짜리 동전 모양을 한 둥근 풀빵으로 직경 11cm 정도의 크기를 자랑한다. 붕어도 잉어도 국화도 아닌 동전이라니, 솔직히 참신하지 않은가. 더군다나 카스테라 같은 빵속에는 짭조름한 치즈가 들어있어 한 입 베어 물면 치즈가 쭈욱 끝도 없이 길게 늘어지기까지 하니 MZ세대의 눈과 입맛을 사로잡을 요소는 갖춘 셈이다. 가격은 하나에 500엔(약 5,000원)으로 꽤 비싼 편이지만, 항상 SNS에 올릴 만한 새로운 아이템을 추구하는 MZ세대들에게는 그리 비싼 것도 아닌 모양이다. 오히려 '10엔빵

인데 가격은 500엔! 대단하지 않아?'라며 콘텐츠로 만들어 즐기기까지 한다.

10엔빵이 유행한 데는 지금도 꾸준히 지속되고 있는 한류붐의 영향도 있겠지만, SNS가 더 큰 역할을 한 것으로 보인다. SNS에서 관심을 끌 수 있다면 그게 무엇이든 어디에서 왔든 가격이 얼마나 되든, 딱히 상관하지 않는 것이 요즘 시대, 세대의 소비 트렌드이니 말이다.

먼저 일본 전국에서 10엔빵의 매장을 운영 중인 회사와 수많은 점포에 사과드리며 소신 발언을 해보자면 10엔빵의 유행이 오래 지속될 것인가에 대해서는 사실 좀 의문이다. 한국이 그렇듯, 일본도 의외로 젊은 세대들의 음식 트렌드가 빠르게 변하기 때문이다. 한때 선풍적인 인기를 끌었지만 지금은 열기가 사그라든 치즈 닭갈비, 버블티, 치즈 핫도그, 달고나 커피처럼 10엔빵도 언제 그랬냐는 듯 추억의 음식이 될 가능성이 높다. 더욱이 한국의 십

ⓒ이하나

원빵과 달리 10엔빵에는 아무런 스토리가 없다는 점도 우려되는 요인 중 하나다.

차라리 숫자를 그대로 빌려오는 것을 넘어, '인연(ご緣)'과 발음이 같다는 이유로 행운의 부적으로 쓰이기도 하는 '5엔'을 활용해 5엔빵을 만들었다면 어땠을까? 혹시나 싶어 조사해 보니 아니나 다를까 도쿄의 관광명소인 아사쿠사에 이미 5엔빵도 존재했다. 심지어 5라는 콘셉트에 매우 충실한 편이어서 10엔빵보다 50엔이나 더 비싼 550엔이다. 상대적으로 비싼 가격임에도 불구하고 10엔빵의 대유행 속에서 꿋꿋이 근성을 지키는 모습은 인상적이다. 물론 '한국이 원조'인 10엔빵도 자취를 감추지 말고 부디 오랫동안 사랑받기를 바란다.

For More Information
웹사이트: www.10yenpan.jp
소셜미디어: instagram.com/10yenpan_official

현재 일본의 뷰티 시장은 한국 화장품 브랜드가 장악하고 있다고 해도 전혀 과언이 아니다. 일본수입화장품협회(CIAJ)에 따르면 2022년 일본에 수입된 한국 화장품의 규모는 775억 엔으로, 샤넬, 디올 같은 명품 브랜드들의 종주국인 프랑스(764억 엔)를 제치고 1위를 차지했으며 2023년 1분기에도 점유율 25.4%로 1위를 유지했다.

일본 내 한국 화장품의 수출규모 또한 최근 10년 사이 무려 6배나 증가했고, 40대 이하 여성 4명 중 1명이 한국 화장품을 사용한다는 조사결과도 나와 있다. 훌륭한 가성비를 자랑하는 K뷰티의 인기는 단순히 한류열풍으로 인한 일회성 현상이 아닌 정착 단계에 있다고 평가받고 있다.

일본에 진출하는 한국 화장품 브랜드가 급증하는 가운데, 최근 가장 두각을 보인 브랜드는 립제품으로 유명한 롬앤(rom&nd)을 꼽을 수 있다. 저렴한 가격으로 예쁘고 다양한 컬러를 선택할 수 있다는 입소문을 타고 Z세대들 사이에서 직구 열풍이 불었었는데, 일본에 정식 수입되어 H&B스토어에 자리 잡은 후 더욱 인지도를 높이며 승승장구하고 있다. 개인적으로도 자주 가는 매장에서 롬앤이 제일 눈에 띄는 진열대를 떡하니 차지한 모습을 보고 괜스레 뿌듯한 마음이 들곤 했다.

그런 롬앤이 2023년 3월, 일본에서 새로운 판로를 개척해 대박이 났다. 3대 편의점 중 하나인 로손과 손잡고 '앤드바이롬앤'이라는 편의점 전용 브랜드를 론칭한 것이다. 1,000엔 전후 가격대의 립제품, 아이섀도 등 25가지 상품 라인업을 출시했는데, 2개월치 물량으로 예상하고 생산했던 30만 개가 출시 직후 단 3일 만에 만에 완판됐고, 2주일 만에 65만 개, 4개월 만에 150만 개를 돌파하는 기염을 토했다. 초유의 대박사태에 일본의 화장품 업계도 깜짝 놀랐다.

편의점에서 파는 화장품들은 보통 '긴급용'으로 치부되기 마련이었다. 화장품을 깜빡하고 집에 놓고 나왔을 때, 급한 대로 들른 편의점에서 대충 손에 집어들 정도의 가격과 디자인, 품질이기 때문이다. 하지만 앤드바이롬앤은 화장품에 관심 있는 MZ세대들이 확실한 목적을 갖고 편의점(로손)을 방문하게 했을 뿐만 아니라 제품의 사이즈를 오리지널의 3분의 2로 줄이고 가격대를 낮춰 구매욕을 자극했다.

출처: 로손 앤드바이롬앤 홈페이지

이런 전략을 실현 가능하게 해 준 건 당연히 롬앤의 절대적인 인기다. 앤드바이롬앤 프로젝트를 담당한 로손 상품본부 아사오카 요코(浅岡陽子) MD도 폭발적인 히트의 요인으로 '롬앤이 엄청난 인기 브랜드라는 점'을 우선으로 꼽았다. 그래서 컬러나 질감은 롬앤이 주도하도록 했고, 상품을 발매하기 전부터 매장에 팝업 광고를 설치해 '롬앤의 새로운 제품들이 들어온다'는 기대감을 조성했다고 한다.

앤드바이롬앤의 대박에 자극을 받은 모양인지 세븐일레븐도 2024년 5월부터 한국 화장품 브랜드를 도입했다. 클리오의 자회사로 알려진 색조화장품 브랜드 트윙클팝(twinkle pop)이다. 1,000엔 전후 가격대인 22가지 아이템으로 로손처럼 MZ세대의 발길을 사로잡겠다는 각오다. 일본에 온 많은 한국인 관광객들이 거의 올리브영과 다를 바 없는 H&B스토어에 놀라워하는 상황 속에서, K뷰티는 이제 H&B스토어뿐만 아니라 편의점에서까지 강력한 영향력을 발휘하고 있다. 다음은 어디일까? 언젠가는 백화점에서 명품 브랜드들과 어깨를 나란히 할 수도 있지 않을까?

For More Information
소셜미디어: instagram.com/andbyromand

あ の

issue.
3

아노

Ano

4차원 매력으로
인생역전한 멀티플레이어

日本　MZ　トレンド　流行　レポート

い気分
い香り

Pitch
co.

最強

マッサージ
スーパー
バランス

喫茶店
一品

2023년, 음악방송이든 광고든 예능이든 TV만 틀면 나오는 대세 연예인은 누가 뭐래도 아노였다. 나이는 비공개에 여성임에도 불구하고 남성이 사용하는 1인칭 대명사 '보쿠(僕)'를 쓰는 그는, 아노쨩(あのちゃん)이라는 애칭으로 불리며 본업이 가수인지 배우인지 예능인인지 헷갈릴 정도로 장르를 불문하고 열일 행보를 펼쳤다. 그래도 본업은 싱어송라이터다.

대중적으로 인지도가 급상승한 계기는 일본 3대 통신사 중 하나인 au가 2015년부터 드라마 형식으로 방영해온 CF 산타로(三太郎) 시리즈에 새 캐릭터로 합류한 것. 덕분에 2023년 한 해 동안 게스트로 출연한 예능만 100편이 넘고, 〈아노의 올 나이트 닛폰0(ZERO)〉(닛폰방송), 〈아노쨩의 전전전파〉(테레비 도쿄) 등 본인의 이름을 내건 프로그램도 진행 중이다. 텔런트 파워 랭킹이

출처: Ano 공식 홈페이지

발표한 '2023년 상반기에 뜬 탤런트 랭킹'에서는 여성 부문 1위를 차지하며 1020세대는 물론 다양한 연령층에게 사랑받고 있음을 입증했다.

TV에 비춰지는 아노의 모습은 한마디로 독특하다. 귀여운 척하는 듯한 목소리와 말투, 그리고 사람들의 예상을 비껴가는 자유로운 언행에서 그가 4차원 캐릭터임을 단번에 직감할 수 있다. 사실 그런 모습에 거부감을 느끼는 사람도 적지 않지만 그 점에 대해서는 본인도 충분히 숙지하고 있는 모양이다. 스스로에 대해 '찬반 의견이 있는 타입'이라고 쿨하게 인정하기 때문이다. 하지만 아노는 '그냥 살다 보니 이렇게 된 것일 뿐'이라며 모든 매체에서 한 가지만큼은 철저히 지키고자 노력했다고 고백한다. 그건 바로 '거짓말하지 않는 것'. 아노의 속 사정을 알고 나면 그의 모든 활동에서 '나답게 살고자 하는 몸부림'을 느낄 수 있다.

나는 '다양성'을 대표하는 존재

아노는 이지메(イジメ, 집단따돌림)를 당해 등교를 거부하고 히키코모리(ひきこもり, 은둔형 외톨이)로 지냈던 중고등학생 시절을 인터뷰에서 여러 번 언급했다. 심리적으로 크게 불안정한 청소년기를 보낸 탓인지 손목에서 팔꿈치에 이르는 부위에는 자해 흉터가 있고, 과거에는 블로그나 트위터에 멘탈이 심히 우려되는 글을 남기기도 했다. 힘들었던 시절, 아이돌 그룹 '유루메루

모!'(ゆるめるモ!)의 새 멤버를 모집한다는 트윗에 흥미를 느껴 응모했고 프로듀서의 적극적인 권유로 가입하게 된 아노는 팀을 탈퇴하는 2019년까지 아이돌을 비롯해 모델, 배우 등 다양한 활동에 도전하며 조금씩 팬을 늘려나갔다.

한국 네티즌들로부터 '천년돌'이라는 별명을 얻은 하시모토 칸나(橋本環奈)가 그랬듯 아노에게도 '기적의 한 장'이라 불리는 사진이 있다. 하지만 미소녀 그 자체였던 하시모토 칸나에 반해 아노의 사진은 '똘끼'가 충만한 모습이었기 때문에 두 사람의 사진은 일본 네티즌들에 의해 나란히 놓여 '천사와 악마의 최종 대결'이라고 명명되었다. 그저 순간 포착된 사진일 뿐이지만, 그 기적의 한 장은 어쩌면 평범하지 않은 개성으로 연예계를 접수할 아노의 인생에 깔렸던 복선이 아니었을까?

2020년부터 솔로 가수로 음악 활동을 시작한 아노는 학창 시절의 트라우마나 마음의 상처들을 자유롭게 음악으로 승화시켰다. 2021년에 발표한 자작곡 〈SWEETSIDE SUICIDE〉의 '나른한 나날이 계속됩니다', '어두운 방 안에 나 혼자 / 달콤한 냄새에 잠겨 있어요'라는 가사에서 히키코모리 시절의 우울함이 엿보이고, 〈F Wonderful World〉의 '10인 10색이 안 통해 / 추구하는 범인(凡人)', '나 말고 누가 내가 되지?'에서는 특이함을 배척하는 사회에 대한 상처가 느껴진다.

이러한 창작활동을 통해 자신만의 음악세계를 구축하며 '나 자

신을 구원할 사람은 나 자신뿐'이라는 기분을 느꼈다는 그가 아티스트로서 새로운 장을 연 곡은 바로 '2023년 상반기 Z세대가 고른 트렌드 랭킹' 유행곡 부문에서 1위를 차지한 〈츄, 다양성.(ちゅ、多様性。)〉이다. 애니메이션 〈체인소 맨〉의 제7화 엔딩곡으로 의뢰를 받아 나름대로의 센스와 개성, 자유분방함을 담아 제작했고, 결과적으로 대표곡이 되었다.

제목에 '다양성'이라는 말을 쓴 이유에 대해 아노는 "제가 다양성의 대표 같은 느낌이니까요." 라고 말했는데, 자신이 가수, 연기, 예능, 라디오 DJ, 모델 등 다양한 분야에서 활동하고 있다는 뜻도 있지만 자신의 존재를 통해 각자의 개성이나 다름을 인정하는 의식을 널리 전하고 싶다는 의미도 담겨 있을 것이다. 아노가 2023년에 개최한 첫 번째 라이브 투어에 참가한 팬들이 '나도 나답게 살고 싶다는 생각이 강하게 들었다'는 후기를 남긴 것을 보면 이미 긍정적인 영향력을 전달하는 존재로 우뚝 선 것 같기도 하다.

일본 최대의 연말 가요제인 제74회 NHK 홍백가합전(紅白歌合戦)에 처음 출장하는 것으로 폭풍 같았던 2023년의 활약에 정점을 찍은 아노. 2023년이 인지도를 끌어올리고 아티스트로 인정받은 해였다면, 2024년은 배우로서의 활약이 기대되는 해이다.

그도 그럴것이 인기 애니메이션 〈최애의 아이〉 실사영화에 주요 캐릭터 중 한 명인 MEM쵸역으로 캐스팅됐기 때문이다. 아노는 드라마 〈사키〉, 〈사일런트 도쿄〉, 〈트릴리온 게임〉 등에 출연하며 연기 경험을 쌓아왔고 〈드라이브 마이 카〉, 〈간니발〉의 각본가인 오에 다카마사(大江崇允)가 연출한 영화 〈고래의 뼈〉에서 주연배우로 본격적인 연기를 펼쳤다.

이제 막 배우로서도 본인만의 영역을 구축하기 시작한 셈이다. 히키코모리 소녀에서 연예계를 평정한 아노를 어쩌다 운 좋게 성공한 원 히트 원더라며 의심의 눈초리로 보는 이들도 적지 않다. 그렇기에 아노가 지금부터 보여줄 행보야말로 일본 사회에 제시될 다양성의 미래라고 할 수 있다. 그렇게까지 말하는 건 좀 오버일까? 다양한 의견이 궁금하다.

For More Information
웹사이트: www.ano-official.com
소셜미디어: instagram.com/a_n_o2mass

麻布台ヒルズ

issue.
4
→

아자부다이
힐스

Azabudai Hills

도쿄에 탄생한
미래형 콤팩트 시티

| 日本 | MZ | トレンド | 流行 (りゅうこう) | レポート |

い気分
い香り

Pitch
co.

最強

ッサージ
スーパー
バランス

喫茶店
一品

　　도쿄 미나토구 지역을 중심으로 굵직한 도시재개발 프로젝트를 진행하고 있는 부동산 대기업 모리빌딩(森ビル株式会社)은 자신들의 프로젝트에 '힐스(Hills, ヒルズ)'라는 명칭을 붙인다. 롯폰기 힐스(六本木ヒルズ), 오모테산도 힐스(表参道ヒルズ), 토라노몬 힐스(虎ノ門ヒルズ) 등 도쿄의 친숙한 랜드마크들이 그 결과물이다. 이러한 프로젝트를 통해 도시와 자연이 공생하는 디자인을 선보이며 콤팩트 시티를 실현해온 모리빌딩이 2019년 8월에 착공한 8번째 '힐스'가, 2023년 11월에 위용을 드러냈다. 롯폰기

힐스와 토라노몬 힐스의 중간쯤에 위치한 아자부다이 힐스(麻布台ヒルズ)다.

약 8.1ha(2만 4,502평)나 되는 광활한 구역에 아자부다이 힐스 모리 JR타워(64층), 아자부다이 힐스 레지던스 A(54층)와 B(64층)의 초고층 빌딩 세 개가 솟아올랐고, 가든 플라자라는 이름의 저층 건물 두 개도 자리잡았다. 조감도를 보면 가까이에 있는 도쿄타워가 이렇게 아담했나 싶을 정도다. 특히 높이 330m를 자랑하는 아자부다이 힐스 모리 JR타워는 송전탑인 도쿄 스카이트리(높이 634m)를 제외하면 지금 현재 일본에서 가장 높은 빌딩이다. 33층에 있는 무료 전망대 스카이로비에서는 도쿄타워를 가까이서 내려다볼 수 있다.

모리빌딩이 지금까지의 힐스에서 얻은 노하우를 모두 쏟아 부은 '힐스의 미래형'이라고 자신한 만큼, 압도적인 높이와 세련된 설계 디자인으로 시선을 사로잡았지만 그렇다고 해서 주변 경관

ⓒ이하나

을 해치지는 않는다. 전체 면적의 37%나 되는 녹지공간을 확보해 320종류의 나무를 심고 텃밭과 과수원을 꾸민 덕분인지 원래부터 여기 있었던 것처럼 자연스럽게 스며들기 때문이다.

설계 디자인에 참여한 세계적인 건축가 토마스 헤더윅은 "전 세계에서 무분별하게 이루어지고 있는 도시 개발 상황을 고려했을 때, 모두를 놀라게 할 만큼 막대한 양의 식물과 녹지를 조성함으로써 인간 중심적인 대안을 제시할 수 있지 않을까 생각했다"고 밝혔다.

상업시설과 문화 예술시설은 물론, 1,400여 세대의 아파트 단지, 오피스, 최고급 호텔, 종합병원, 국제 학교 같은 각종 시설들로 '도시 속의 도시'를 제대로 구현해낸 아자부다이 힐스 곳곳에는 카메라를 켤 수밖에 없는 포토스팟이 많다. 꽃과 나무는 물론이고 일본의 네오팝을 대표하는 현대 미술가 나라 요시토모(奈良美智), 올라퍼 엘리아슨(Olafur Eliasson) 등의 퍼블릭 아트를 접할 수 있다. '인간과 우주의 연결', 그리고 '아자부다이 힐스에서 생성되는 자연 에너지의 가시화'를 테마로 롯폰기 힐스에 있는 모리미술관(森美術館)이 큐레이션 한 작품들이다.

또 오다이바에 있던 팀랩 보더리스(teamLab Borderless) 전시가 새로운 작품을 추가해 가든 플라자B 지하 1층으로 옮겨왔고, 〈원피스〉나 〈블리치〉 같은 인기 만화의 아트 작품을 상설 전시하는 슈에이샤(集英社)의 '만화 아트 헤리티지'도 오프라인 갤러리로 처음 선보이는 등, 현대 미술을 사랑하는 기업답게 문화적인 접근성이 상당히 높다.

또한 에르메스, 까르띠에, 불가리 등 해외 명품샵과 150여 개 상업 브랜드들이 들어섰고, 일본을 대표하는 서른네 곳의 맛집으로 구성된 푸드 마켓도 오픈했다. 미슐랭 가이드에서 별을 획득한 초밥집 스시사이토(鮨さいとう), 쿠시카츠 식당 토리오카(鳥おか) 같은 곳들에 이제 수많은 일본인들과 해외 관광객들이 몰려들 것이다.

모리빌딩은 이곳에 연간 3,000만 명이 방문할 것으로 기대한다. 롯폰기 힐스의 방문객이 연간 4,000만 명인 것으로 미뤄보면 제법 기대치가 큰 모양이다. 구석구석 걷다 보면 마치 도쿄의 미래에 와 있는 듯한 착각이 드는 곳. 롯폰기, 오모테산도, 토라노몬 등 올드 힐스가 식상하다면 앞으로는 아자부다이 힐스에 방문할 차례다.

For More Information
주소: 1 Chome Azabudai, Minato City, Tokyo
웹사이트: www.azabudai-hills.com
소셜미디어: instagram.com/azabudaihillsofficial

新しい学校のリーダーズ
issue.
5
새로운 학교의 리더즈
Atarashii Gakko!
즐거운 청춘의
뜨거운 반란
カフェー
10F
いい気分
いい香り
Pitch co.
9F
9F
最強
8F
7F
マッサージ
スーパーバランス
6F
喫茶店
一品
5F
4F
日本
MZ
トレンド
流行
レポート

'TikTok 상반기 트렌드 대상 2023' 대상

'Yahoo! 검색 대상 2023' 뮤지션 부문 1위

'Forbes JAPAN 30 UNDER 30 2023' 선정

'제65회 일본 레코드 대상' 우수작품상

'2023 유캔 신어·유행어 대상' TOP10 선정

'제74회 NHK홍백가합전' 첫 출장

4인조 댄스&보컬 퍼포먼스 유닛인 새로운 학교의 리더즈(MIZYU, RIN, KANON, SUZUKA)의 2023년은 파죽지세였다. 2020년에 발표했던 곡 〈오토나 블루〉(オトナブルー)가 TikTok에서 역주행하며 무서운 기세로 각종 차트를 석권했고, 음악방송과 음악 페스티벌 출연, 국내 및 해외 라이브 투어로 바쁜 나날을 보내다 홍백가합전에서 홍팀의 첫 주자로 나서며 화려하게 한 해를 마무리했다. 〈오토나 블루〉의 포인트 안무인 '머리 흔들기 댄스'가 2023년의 열도를 뒤흔들었다고 해도 과언이 아니다.

한국에서는 '광기의 병맛 걸그룹', '학교에 꼭 한 명씩 있는 특이한 여자애들을 모아 만든 그룹'으로 네티즌들 사이에서 화제를 모으며 인지도를 높였다. 그들이 무기로 삼는 라이브 퍼포먼스를 한 번이라도 봤다면 고개를 끄덕일 수밖에 없는 표현이다.

이 그룹의 트레이드 마크는 세일러복이라고 불리는 교복 차림에 왼쪽 팔에 찬 완장, 그리고 '청춘 일본 대표(青春日本代表)'라

고 프린트된 니삭스다. 그런데 이런 멀쩡한 의상을 입고 (이제는 차별 용어인) '여학생'으로 대변되던 청순함, 조신함과는 정반대의 모습을 보여준다. 치마를 들추거나 다리를 벌리는 안무는 한번 보면 쉽게 잊기 힘들다.

K팝 아이돌들에 비하면 수위가 높은 편은 아니지만, 교복 차림이라 그런지 왠지 모르게 선정적으로 비치기도 한다. 그래서일까. 일본에서는 꽤나 호불호가 갈리는 모양이다. 새로운 학교의 리더즈를 검색하면 '천박해서 싫다', '징그럽다' 같은 부정적인 글도 눈에 띈다. 하지만 중요한 건 같은 교복을 입는 Z세대들에게 절대적인 지지와 공감을 얻고 있다는 사실이다.

새로운 학교의 리더즈는 '모범적인 녀석들만 평가받는 시대, 개성과 자유로움으로 시시한 불관용 사회로부터 빠져나가자'라는

확고한 콘셉트가 있다. 언뜻 보면 불량함을 추구하는 건가 싶지만, 교복 치마 길이에서부터 교칙을 정확히 준수했다. 그들은 안다. 이미 정해진 규칙 속에서 표출해낸 개성이야말로 특별하게 인정받는다는 것을. 그래서 '지키는 것'을 기본으로 여긴다. 마치 모범과 반항의 절묘한 줄타기를 보는 느낌이랄까. 질풍노도의 사춘기 시절에 만난 네 멤버들은 어느덧 8년이라는 긴 시간을 동고동락한 사이가 됐다.

잡지 「AERA」의 인터뷰에 따르면, 멤버 MIZYU는 "우리 네 명에게 절대적인 자신(自信)이 있었다"고 했다. 다른 멤버 SUZUKA는 "밑바탕에는 자기만족이라는 압도적인 강인함이 있기 때문에 어떤 것에도 흔들리지 않고 전진할 수 있었다"고 덧붙였다. 그런 자신감과 자기만족은 그들이 당당하게 '청춘 일본 대표', '청춘당(青春党) 의원'을 자칭할 수 있었던 이유다. 리더가 되어 세상에 전하고 싶은 메시지는 다름 아닌 '청춘은 즐겁다'라는 것. 오랜 시간 동안 청춘을 음미해왔기에, 청춘이야말로 세계 평화에 기여한다고 믿는다. 그들은 청춘에 대해 이렇게 외쳤다.

청춘이란, 자신을 믿고 무아지경으로 달려가는 신념!
청춘이란, 남녀노소를 불문하고 잃지 않는 열정!
청춘이란, 주저 없이 도전하는 용기!
청춘이란, 지금 이 순간을 전력으로 즐기는 것!

    2023년의 활약을 발판 삼아 2024년 1월에는 처음으로 일본 무도관(日本武道館)의 360도 무대에서 1만 2천 명의 팬들과 호흡했고, 세계 최대의 음악 페스티벌 코첼라 밸리 뮤직 앤드 아츠 페스티벌(Coachella Valley Music and Arts Festival)과 프리마베라 사운드 2024(Primavera Sound 2024)에도 출연했다. 2021년, 미국 레이블 88rising을 통해 미국 진출에 성공한 후 해외 무대에 오를 때마다 "일본 컬처가 사랑받고 있다는 걸 실감하며, 일본에만 있을 때보다도 일본이 더 좋아졌다"는 MIZYU의 말처럼, 그들은 리더답게 일본 문화를 짊어질 결심을 했다.

    그래서 모든 멤버가 성인이 된 순간부터 트레이드 마크인 교복은 '또래와의 공감대'에서 일본 문화를 짊어진 '전투복'으로 변했다. 발표하는 곡들도 굳이 해외시장을 겨냥하지 않는다. 2023년 10월에 미국에서 발매한 〈Tokyo Calling〉의 뮤직비디오도 1950년대의 일본 특촬영화에서 영감을 얻었다고 한다. 그들은 앞으로도 일본 문화를 기반으로 한 개성과 자유로움으로 온 세상을 청춘으로 물들일 기세다. 그래, 즐거우니까 청춘이다!

For More Information
웹사이트: www.atarashiigakko.com
소셜미디어: www.instagram.com/japan_leaders

ブルーイング
issue. 6
블루잉
blue-ing!
일본 '축덕'들의 새 아지트,
'싸카' 그 이상을 쇼케이스하다
Pitch co.
最強
スーパーバランス
喫茶店
一品
日本
MZ
トレンド
りゅうこう
流行
レポート

한국 축구의 영원한 라이벌, 일본 축구 국가대표팀은 2022년 카타르 월드컵에서 독일과 스페인 같은 우승후보급 강호들을 상대로 승리를 거두며 16강에 진출하며 세계의 주목을 모았다. 그런 일본 축구팬들에게 새로운 아지트라고 할 수 있는 공간이 2023년 12월, 도쿄 스이도바시(水道橋)에 있는 도쿄돔 시티(東京ドーム・シティ)에 오픈했다. 바로 JFA(일본축구협회)가 축구 문화 창조의 거점으로 마련한 블루잉(blue-ing!)이다.

파란색 유니폼을 홈킷으로 입는 일본 축구대표팀의 별명이 '사무라이 블루'인 만큼, blue-ing!의 캐치프레이즈는 '일본 축구의 미래를 잇는, 파란색과 만나 펼쳐지는 장소'다. 시설 인테리어도 당연히 파란색을 기조로 한다. 온통 블루, 블루다. 입장료 무료인 파크 에이리어에는 '사무라이 블루 햄버거' 등 다양한 메뉴를 판매하는 카페 & 바와 일본대표팀의 오리지널 굿즈를 구입할 수 있는 샵이 조성되어 있다. 축구 경기장처럼 인공 잔디로 꾸며진 다

ⓒ이하나

목적 공간에서는 어린이들의 축구 교실이 열리거나 일본대표팀 경기 라이브 중계방송을 시청할 수 있다. 생각보다 훨씬 더 넓고 쾌적한 공간이 인상적이었고, 축구에 대한 관심과 친근감이 생길 수밖에 없는 영상과 소품들이 눈에 띄었다.

특히 주목할 만한 곳은 디스커버리 에이리어다. 성인 1,800엔, 중고생 1,500엔, 초등학생 800엔으로 유료 티켓을 구입해야 하지만, 일류 프로 선수들의 시선과 레벨로 테크닉이나 스피드를 대리 체험해볼 수 있는 버추얼 필드, 생성 AI 영상과 음악으로 미래의 축구를 경험할 수 있는 드림 시어터 등 최신 기술로 구현된 체험형 콘텐츠가 다수 마련되어 있다. 미디어 아티스트로 유명한 오치아이 요이치(落合陽一)가 공간 감수를 맡아 일본 축구의 역사 흐름과 역사적 전시품 등 풍부한 아카이브가 팬들을 매료한다. 축구를 잘 알지 못해도, 스포츠에 큰 관심이 없는 사람들도 가볍게 즐길 수 있는 콘텐츠가 많아 축구에 대한 호감이 높아지는 계기가

될 듯하다.

blue-ing!이 위치한 도쿄돔 시티 내에는 일본프로야구(NPB) 최고의 인기 구단으로 한국에도 잘 알려져 있는 요미우리 자이언츠(読売ジャイアンツ)의 홈구장인 도쿄돔을 비롯해 야구 전당 박물관(野球殿堂博物館), 만화잡지「점프」의 굿즈를 판매하는 점프숍, 놀이기구, 스파 등 다양한 상업시설들이 모여 있다. 도시 한 가운데 자리한, 성인과 어린이 모두 즐길 수 있는 테마파크라고 할 수 있다. 그런 곳에 blue-ing!이 합류했으니 이 도쿄 굴지의 스포츠&엔터테인먼트 구역은 앞으로 더욱 뜨거워질 일만 남았다.

For More Information
주소: 1 Chome-3-61 Koraku, Bunkyo City, Tokyo
웹사이트: www.blueing.jfa.jp
소셜미디어: instagram.com/jfa_blueing

ボーイズラブ
ドラマ

issue.
7

BL
드라마

BL Drama

BL이
'진짜' 양지에서 노는 법

日本 MZ トレンド 流行(りゅうこう) レポート

い気分
い香り

pitch
co.

最強

ッサージ
スーパー
バランス

喫茶店
一品

최근 일본 드라마 중 가장 눈에 띄는 장르가 뭐냐고 물으신다면 남성들의 사랑을 다루는 보이즈 러브(Boy's Love), 즉 BL이라고 대답할 수 있다. 2018년에 방송된 〈아재's 러브〉(おっさんずラブ)의 대대적인 히트를 계기로 BL 작품이 끊임없이 제작되며 어느덧 하나의 장르로 정착했다. 한국도 〈나의 별에게〉, 〈시맨틱 에러〉 같은 작품이 흥하면서 BL 드라마가 대중적으로 주목받기 시작했지만 좀처럼 OTT에서 벗어나지 못하는 것과 달리 일본은 2023년 한 해에만 11개의 BL 작품이 TV 전파를 탔다. 한국에서

출처: MBS
마이니치 방송

'BL이 양지로 나왔다'고 호들갑이지만 천만의 말씀. 일본이야말로 진짜 양지에서 논다.

현재 일본의 각 방송사는 BL 드라마에 신경을 쏟고 있다. 그 중에서도 MBS(毎日放送, 마이니치 방송)는 아예 BL 작품만 편성하는 금요일 심야 시간대 '드라마 샤워(ドラマシャワー)'를 마련했다. 출판사로도 잘 알려진 종합 콘텐츠 기업 KADOKAWA가 BL 드라마에 특화된 레이블 툰쿠(トゥンク)를 설립하면서 MBS와 손을 잡은 것이다. 드라마 샤워는 원래 2022년 4월부터 1년 기간 한정으로 마련된 시간대였지만, 반응이 좋아 지금까지 편성이 유지되고 있다. 2023년에 뜨거운 화제를 모은 〈체감예보〉(体感予報)도 이 시간대에 방송된 작품이다. 'BL 어워드 2023' 코믹스 부문 1위를 차지한 동명의 만화를 원작으로 잘생긴 기상예보사와 에로만화가의 아슬아슬한 동거를 그린 〈체감예보〉는 일본 BL 드라마 중에서도 제법 높은 수위를 자랑하며 팬들의 이목을 끌었다.

최근 화제작들의 시즌2가 쏟아지는 걸 보며 BL 드라마의 두터운 팬층을 실감한다. 2021년에 대히트를 기록한 〈아름다운 그〉(美しい彼)는 2023년 2~3월에 시즌2가 방송되었고 4월에는 〈극장판 아름다운 그: 이터널〉이 개봉했다. 팬들은 그야말로 축제 분위기였다. 주연을 맡은 하기와라 리쿠(萩原利久)와 야기 유세이(八木勇征)는 일 년 내내 온갖 잡지의 표지를 장식했다고 해도 전혀 과언이 아니다. 2022년에 방송됐던 〈미나토 상사 코인 세탁소

〉도 2023년 7월에 시즌2가 방송됐고, 만화가 요시나가 후미(よ
しなが ふみ)의 작품을 원작으로 하는 〈어제 뭐 먹었어?〉(きの
う何食べた?)와 위에서도 언급한 〈아재's 러브〉도 각각 〈어제 뭐
먹었어? season2〉(2023년 10~12월 방송), 〈아재's 러브 -리턴
즈-〉(2024년 1~3월 방송)라는 타이틀로 화려하게 컴백했다. 방
송뿐만이 아니었다. 〈어제 뭐 먹었어? season2〉는 일본판 마켓컬
리라고 할 수 있는 Oisix 및 극중에 자주 등장하는 감자칩 와사비
프(わさビーフ)와 콜라보레이션 이벤트를 진행했고, 〈아재's 러브
-리턴즈-〉는 전국 4개 도시에서 콜라보레이션 카페를 성황리에
운영했다. 시즌2를 간절히 기다렸던 팬들은 인내 끝에 오는 행복
을 제대로 만끽했을 것이다.

　일본은 이제 굳이 'BL 드라마'라고 표기하지 않을 정도로 동성
간의 연애를 다룬 드라마가 어느 정도는 당연하게 여겨지고 있다.
BL 드라마를 보는 모두가 반드시 동성애를 긍정한다고 단정지을
수는 없지만, 다양성을 존중하는 시대인 만큼 사람들이 동성애를
그다지 특별하게 여기지 않는 사회 분위기도 한몫했다. 또한 그만
큼 시청자의 성별, 세대와는 관계없이 캐릭터와 서사에 몰입과 공
감을 유발하는 BL 드라마가 많다는 뜻이기도 하다. 동성 간의 사
랑이 과연 보편적인가 아닌가에 대한 찬반 논란은 차치하고서라
도, 드라마의 주인공들이 사랑 앞에서 토해내는 희로애락의 감정
은 누구나 한 번쯤 느껴본 것임을 인정하지 않을 수 없다.

2023년 2월, 기시다 후미오(岸田文雄) 총리의 비서관인 아라이 마사요시(荒井勝喜)는 성소수자에 대한 차별적인 발언을 했고, 기시다 총리 또한 "동성혼에 대한 규정을 마련하지 않는 것이 헌법위반은 아니다"라며 동성혼에 대해 부정적인 입장을 고수하고 있다. 하지만 대중들의 인식은 점점 변하고 있다. 적어도 엔터테인먼트의 세계에선 그렇다. 아저씨들의 사랑(아재's 러브)이 방아쇠를 당겼고, 아름다운 청년들의 사랑(아름다운 그)이 꼼짝없이 두 손 들게 만들었다. BL 드라마는 앞으로도 일본 사회에서 다양성의 한 축을 담당할 것이다. 세상 모든 사랑은 따사로운 햇살을 쬘 자격이 있다.

ぼんご系おにぎり

issue.
8

봉고계
오니기리

삼각김밥의 진화!
완전히 새로운 장르의 출현

日本　MZ　トレンド　流行　レポート

도쿄의 JR 오츠카(大塚)역 근처에는 '오니기리 봉고(おにぎり ぼんご)'라는 오니기리(おにぎり, 주먹밥. 삼각김밥) 전문점이 있다. 니이가타(新潟)산 코시히카리를 사용하는 64년 전통의 맛집으로, 평일에도 무려 3시간 웨이팅이 기본인 곳이다. 그런데 아는 사람만 알던 이곳의 오니기리를 이제 모르는 사람이 없게 됐다. 2022년 9월에 TV 방송을 탄 것을 계기로 순식간에 전국구 스타가 되었기 때문이다. 이제 봉고 앞은 매일 장사진을 이루며 웨이팅 시간은 두세 배 늘어난 5~8시간이 되었다.

손으로 밥을 움켜쥐며 삼각형 모양을 만든 후 김을 두르는 일반적인 오니기리와 달리, 봉고에서는 바삭한 김으로 밥을 감싸는 것과 동시에 오니기리의 모양을 잡는다. 손으로 꾹꾹 움켜쥐지 않는다는 말이다. 숙련된 장인만이 할 수 있는 기술로 '홋쿠라(ふっくら)'한 식감을 살린다. 홋쿠라는 '부드럽게 부푼 모양'을 뜻하는 말인데, 편의점에서 파는 떡진 삼각김밥과는 반대로 밥을 억지로 뭉치지 않아 고슬고슬한 밥알 하나하나가 살아있는 느낌이라고 생각하면 된다.

연어나 참치마요 같은 재료를 가득 품은 홋쿠라한 밥과, 화룡점정으로 꼭대기에 살포시 올라간 토핑. 이 궁극의 오니기리 스타일이 각광을 받으면서 각종 매체들은 '봉고계(ぼんご系)'라는 이름을 붙였다. 마치 1990년대 J팝 시장에서 흥했던 시부야계(渋谷系, 시부야케이로도 알려져 있으며 한국 뮤지션들에게도 많은 영

향을 준 음악 장르)처럼, 오니기리 세계에서 새로운 장르가 탄생한 것이다.

폭발적인 인기에 힘입어 봉고는 이타바시와 신주쿠에 계열점을 냈고, 봉고에서 수행한 제자들도 '오니기리 콩가(おにぎりこんが)', '야마타로(山太郎)' 등 각자의 가게를 차려 봉고계 오니기리의 세력을 확장시키고 있다. 봉고라는 이름은 청년 시절에 드러머였던 초대 점주 故우콘 타스쿠(右近佑)씨가 가게의 명성이 멀리 울려 퍼지길 기원하며 타악기인 봉고(Bongos)에서 따온 것. 이제 그 염원이 이루어졌으니 신나게 봉고를 두드리며 하늘에서 흐뭇하게 지켜보실 듯하다.

봉고계의 유행으로 인해 편의점에서 흔히 볼 수 있는 떡진 삼각김밥은 안타깝게도 시한부 선고를 받았다. 유행에 민감한 편의점 업계가 봉고계를 따라 홋쿠라 식감을 추구하기 시작했기 때문이다. 로손은 업계 최초로 입체성형 방식을 도입해 고급 삼각김밥

©이하나

의 라인업을 리뉴얼했고, 패밀리마트도 삼각김밥 제조공장에 약 20억 엔(약 200억 원)을 들여 새로운 제조기를 마련했다.

덕분에 편의점에 진열된 삼각김밥들은 더 크고 통통해진 모습들이다. 심지어 로손의 삼각김밥에는 '홋쿠라'라는 문구가 적혀 있다. 이제 일본인들은 홋쿠라 식감을 모르던 때로 돌아가기 힘들지 않을까? 그리고 무엇보다 한국 도입이 시급하다. 밥심으로 사는 민족으로서 우리도 한 차원 발전된 삼각김밥을 누려야 하지 않겠는가. 홋쿠라한 삼각김밥이 편의점에서 식사를 해결하는 많은 이들의 삶의 질을 몇 단계 높여주리라 확신한다. 지금이야말로 편의점 관계자분들께서 힘써주셔야 할 타이밍이다. 고객을 만족시킨 노력은 매출로 돌아갈 것이다.

©이하나

각국에서 리프 프로깅(Leapfrogging) 현상이 나타나고 있는 반면, 일본은 아직도 종이의 속박에서 벗어나지 못한 채 끓는 물 속의 개구리(Boiling frog) 증후군을 앓고 있다. 3대 은행 중 하나인 미츠비시 UFJ은행(三菱UFJ銀行)의 웹사이트에서 해외송금을 신청하자 친절하게도 '우편으로' 종이 신청서가 날아왔고, 싸인 페이퍼와 신분증 사본을 첨부한 우편을 보내 약 일주일간의 승인 과정을 거쳐야 했던 게 불과 2024년초에 겪은 일이니, 일본의 디지털 전환(DX)은 아직 갈 길이 멀게 느껴진다.

하지만 OpenAI가 출시한 AI(인공지능) 챗GPT는 '디지털 후진국' 일본에서도 2023년 최고의 화두였다. 노무라 종합 연구소(野村総合研究所)가 2023년 5월에 발표한 '일본의 챗GPT 이용 동향(2023년 4월 시점) 조사'에 따르면, 챗GPT에 대한 일본인의 관심은 세계에서도 상위권이다. 일본 전국에서 OpenAI에 접속한 숫자는 2023년 2월부터 하루 100만 회 이상을 기록했고, 평균 체류 시간은 8분 56초로 미국(6분 50초)과 인도(6분 27초)보다도 길다. 챗GPT가 무료 서비스인 데다 공개 당시부터 일본어를 지원했던 점이 많은 일본인들의 관심을 끈 것으로 보인다.

개인뿐만 아니라 대기업들도 챗GPT의 활용에 적극적으로 나서고 있다. 섬유, 기계, 금속, 에너지, 화학, 식품, 주거, 정보, 금융 등 다양한 분야에서 사업을 전개하며 일본 내에서 가장 취업하고 싶은 기업 1위로도 꼽힌 이토츄상사(伊藤忠商事)는 4,200명의 전

직원이 사용하는 사내 업무 메신저와 챗GPT를 연계해 직원들이 일상적으로 AI를 활용함으로써 회의록 작성이나 문장 요약, 일부 조사 업무를 돕게끔 했다. 향후에는 계약서나 각종 서류 데이터를 질의응답에도 활용할 계획이다.

한국에도 잘 알려진 파나소닉은 챗GPT기술을 활용해 직원들의 질문에 대답하는 독자적인 AI 어시스턴트를 개발해 모든 계열사에서 이용하도록 했고, NEC(일본전기주식회사, 日本電気株式会社)도 챗GPT를 사내업무, 연구개발, 비즈니스에서 적극적으로 이용할 방침을 발표했다. 뿐만 아니라 생활용품기업 LION도 업무 효율화를 위해 챗GPT를 이용한 자사 개발 AI챗 시스템을 약 5,000명의 직원에게 공개했다.

종합 싱크탱크인 다이와소켄(大和総研)에서는 챗GPT로 경제 전문가들의 분석, 고찰을 지원하고 리포트를 작성하는 것으로 시간을 50% 절약해 고퀄리티의 정보를 신속하게 제공하는 것이 가

능해졌다. 교육사업을 전개하는 베넷세 홀딩스(ベネッセホールディ
ングス)는 초등학생과 학부모를 위한 '자유연구 서포트 AI β버
전'을 제공해 자율학습의 테마 선택과 진행방법 등을 서포트하고
있다.

사실 이렇게 챗GPT를 적극적으로 도입한 곳보다 소극적이
거나 부정적인 자세를 취하는 기업과 조직이 더 많기는 하다.
BlackBerry Japan이 2023년 9월 7일에 발표한 조사 결과에 따르
면 일본 기업의 72%가 직장 내에서 챗GPT 혹은 생성 AI 어플 사
용을 금지하고 있거나 금지를 검토 중이라고 한다. 그중 58%는
금지 조치를 장기적 혹은 영구적으로 유지할 계획이며, 고객 및
제3자의 정보 침해, 지적재산 리스크, 잘못된 정보의 확산 등이 챗
GPT 사용 금지를 결정하는 배경이 됐다고 대답했다.

챗GPT와 관련된 사건, 사고도 끊이지 않고 있다. 작년 9월에
는 웹사이트 〈The HEADLINE〉이 AI를 사용한 기사를 배포해 물의
를 일으켰다. 기사 내용 대부분이 다른 매체의 표절, 도용이었다
는 것이 밝혀져 문제가 됐다. 또한 싱가포르 기업 Group-IB는 일
본에서 챗GPT의 회원 계정 정보가 유출되었다고 발표했다. 2023
년 5월까지 약 1년 동안 회원들의 정보가 다크웹 시장에서 거래
되어 최소 661건이 일본에서 유출됐음이 확인됐다고 한다.

2023년 5월에는 대중의 주목을 끈 이벤트도 있었다. 도쿄대학
축제에서 챗GPT가 판사 역할을 담당한 모의재판 이벤트가 열린

것이다. 챗GPT는 살인사건의 범인에게 무죄 판결을 내렸고, 현장에서 재판을 지켜본 사람들도 투표를 통해 무죄 50%, 유죄 30%의 의견을 나타냈다. 이 모의재판은 'AI가 인간을 심판할 수 있을까?'와 같은 질문을 던지며 일본인들에게 AI시대의 도래를 간접적으로 체감시켰다.

긍정, 부정, 흥미로움, 두려움 등 여러 시선이 존재하는 챗GPT지만, 그로 인해 일본의 디지털 리터러시에 변화의 조짐이 나타나고 있는 것은 분명하다. 그렇다면 2024년, 2025년에는 어떤 변화가 생길까? 그 가능성은 다음과 같이 정리해 볼 수 있다.

1. 고객 맞춤 서포트의 자동화: 기업에 고객 서포트를 효율화하기 위해 챗GPT를 이용하는 일이 늘고 있습니다. 고객이 문의한 내용을 바탕으로 챗GPT가 자동으로 적절한 대답을 제공하는 것으로 효율적이고 신속한 서비스를 제공합니다. 이러한 서비스는 다양한 기업에 도입될 가능성이 있습니다.

2. 개인 조수 어플: 챗GPT를 활용한 개인 조수 어플이 보급되고 있습니다. 이 어플은 유저의 일상적인 작업이나 스케줄관리, 정보검색, 추천 등을 지원합니다. 유저는 자연스러운 대화 형식으로 어플과 대화하며 다양한 작업을 효율적으로 처리할 수 있습니다.

3. 교육지원 서비스: 학습지원이나 교육 서비스에 챗GPT가 활용되고 있습니다. 예를 들어 학생이 질문을 하면 챗GPT가 해설과 정답을 제

공하는 것으로 학습효율을 향상하는 서비스입니다. 또 논문이나 리포트의 집필 지원 등, 교육분야의 다양한 용도로 챗GPT가 활약 중입니다.

4. 미디어와 엔터테인먼트: 미디어와 엔터테인먼트 산업에서도 챗GPT를 활용한 새로운 서비스가 등장하고 있습니다. 예를 들어 뉴스나 기사 요약, 온라인 콘텐츠의 커스터마이징, 스토리 생성 등 다양한 형태로 챗GPT가 크리에이티브 프로세스를 지원할 것입니다.

5. 의료지원: 의료정보 검색과 해설, 환자와의 커뮤니케이션 지원, 의료 기록 정리 등에도 챗GPT가 활용되고 있습니다. 특히 정확한 진단을 돕거나 치료 플랜을 세워주는 등, 의료 종사자들을 서포트하는 역할이 기대되고 있습니다.

문체에서 눈치챈 분들도 있겠지만 이건 챗GPT가 알려준 답변이다. '10년은 늦었다'고 지적받는 일본의 디지털 전환은 챗GPT와 함께 가속화할까?라는 질문에는 '일본의 디지털 전환 속도는 여러 가지 요소에 의해 결정됩니다. 정부의 정책과 기업의 노력이 포함됩니다'라고 대답했다. 뻔하지만, 맞는 말이다. AI로 인한 대격변의 과도기 속에서 일본은 과연 어떤 움직임을 보여줄지 궁금하다.

For More Information
웹사이트: www.chatgpt.com
소셜미디어: instagram.com/chatgpt

チェ・ジョンヒョプ

issue.
10

채종협

Chae Jonghyeop

열도를 심쿵시킨
'흉사마'의 탄생

日本　MZ　トレンド　流行(りゅうこう)　レポート

일본에서 〈Eye Love You〉라는 드라마가 방영을 막 시작했을 무렵, 드라마의 존재를 몰랐던 내게 '꼭 봐야 한다'며 일본인 직장 동료가 적극적으로 영업했다. 한국 남자 배우가 일본 지상파의 황금 시간대(저녁 7~11시) 드라마에서 주연을 맡은 건 처음 있는 일인 데다, 한국 로코의 클리셰들이 난무해서 오글거리는 재미가 있다는 게 이유였다. 그 한국 배우가 채종협이라는 사실을 알고는 도무지 모른 척할 수가 없었다. 전작 〈무인도의 디바〉에서 일편단심 순애보를 보여주며 차세대 로맨스 남주로 부상한 그를 보면서 일본 여성들도 좋아할 만한 비주얼이라고 생각했던 차였다.

아니나 다를까 〈Eye Love You〉의 채종협은 완벽하게 먹히는 스타일이었다. 상대역은 2014년 일본 아카데미상의 최우수 여우 주연상 수상자이자 2023년 시청률 1위 드라마인 〈VIVANT〉에도 출연했던 니카이도 후미(二階堂ふみ). 눈을 마주친 상대의 속마음이 들리는 초능력을 가진 초콜릿 기업 대표 니카이도(모토미야 유리 역)가 한국인 유학생인 채종협(윤태오 역)을 만나 사랑에 빠진다는 다소 뻔한 줄거리 속에서, 채종협은 세상 어디에도 없지만 어딘가에 있었으면 하는 20대 한국인 청년의 판타지를 보여줬다.

첫 등장부터 심상치 않다. 맨션 옥상에서 친환경 비눗방울을 다량 생산하며 '반짝반짝 작은 별'을 흥얼거리던 그는 배달 어플의 신규 주문을 받고 라이더로 출동하는데, 마침 한국음식을 주문한 니카이도의 배달 봉지에다 친절하게도 '이건 비밀인데 비빔밥은 온돌식당이 더 맛있어요'하고 쓴 포스트잇을 넣는 오지랖을 발동시킨다. 비가 와서 자전거가 미끄러지는 바람에 니카이도가 주문한 음식을 실수로 쏟은 날에는 직접 사과의 쪽지를 전하러 오고, 배고파하는 니카이도에게 본인이 만든 순두부찌개를 가져다주며 기미상궁 퍼포먼스로 안심시키는 매너까지 겸비했으며, 보온통을 돌려주러 온 니카이도를 집에 초대하여 잡채를 대접하는 예의 바른 청년 그 잡채… 아니 자체다.

멍뭉미가 넘치는 채종협의 비주얼과 착하고 순수하고 성실하고 건실하기까지 한 직진 연하남 캐릭터가 만나니 그 시너지 효과는 실로 대단했다. 작가진이 작정하고 집어넣은 듯한 한국 로코의 클리셰들은 그렇다 치더라도, 채종협이라는 배우가 극 중에서 보여준 무해한 모습은 화제를 부를 수밖에 없었다. 사실 〈Eye Love You〉의 시청률은 평균 5.9%로 높지 않았다. 하지만 본방송에는

출처: TBS
테레비

극중 한국어를 모르는 니카이도에게 몰입하도록 채종협이 한국어로 내뱉는 속마음에는 일절 자막을 넣지 않고 Tver나 넷플릭스 등 OTT에서만 자막을 제공하는 특수한 장치 때문에 실질적인 시청률은 더 높았을 것으로 추정된다.

실제로 SNS에서는 첫 화부터 반응이 심상치 않다 싶더니 드라마가 중반 정도 진행될 무렵에는 채종협의 협을 일본식으로 읽은 '홉(ヒョプ)'과 존칭어 '님'을 뜻하는 '사마(様)'를 합친 '홉사마'가 애칭으로 정착했고, 각종 매체들이 앞다퉈 채종협의 기사를 쏟아내기 시작했다. 드라마 방송 전에는 약 150만 명이던 채종협의 인스타그램 팔로워수는 한두 달 만에 220만 명으로 급증했다. 채종협의 인기에 힘입어 마지막회 방송을 일주일 앞두고 매우 이례적으로 주연 배우들의 스페셜 팬미팅도 열렸다. 좌석수 850석인 1회 공연에만 무려 3만 2,885명이 응모했고, 6만 명에 달하는 팬들이 온라인 생중계로 팬미팅을 시청했다.

그뿐만이 아니다. 채종협을 전면적으로 내세운 드라마 화보집 〈채종협×Eye Love You LOVE~태오가 있는 날〉이 폭발적인 반응을 얻어 사진전 & 팝업 스토어의 운영을 5월까지 연장했다. 6월에는 채종협의 일본 첫 단독 팬미팅이 마쿠하리 멧세 국제전시장 9-11홀에서 이틀에 걸쳐 개최되는데, 이곳의 최대 수용인원은 1만 5,000여 명에 달한다. 최근 몇 년간 일본에서 개최된 한국 배우의 팬미팅 중 최대 규모다.

이쯤 되면 당당하게 말해도 되지 않을까? 일본에서 드디어 탑티어 한류스타가 새로 탄생했다고. '흡사마'는 욘사마(배용준)의 열풍을 2024년에 재현하며 한류의 진정한 세대교체를 알렸다. 매우 좋은 시작이었던 만큼, 꾸준한 활동으로 일본팬들에게 끊임없이 사랑받는 배우가 되길 기대한다.

For More Information
소셜미디어: instagram.com/chaejh_

ちいかわ
issue.
11
치이카와
Chiikawa
귀여움으로 포장된
다크 판타지
日本
MZ
トレンド
りゅうこう
流行
レポート
Pitch
co.
最強
スーパー
バランス
一品

　SNS를 통해 연예인 뺨치는 인기스타가 탄생하는 시대, 캐릭터도 예외는 아니다. 이른바 'SNS 출신' 캐릭터들이 대기업 캐릭터를 위협할 수준의 인기와 경쟁력을 자랑하고 있다. 비즈니스 잡지 「닛케이 트렌디」가 발표한 '2022년 히트 상품 베스트30'에서 2위, 'Z세대가 뽑은 2023년 하반기 트렌드 랭킹' 물건 부문에서 5위를 차지한 '치이카와'(ちいかわ)'가 대표적인 예다.

　한때 카카오톡 이모티콘으로 인기였던 '농담곰'을 기억하시는가? 원작자인 나가노(ナガノ)와 일본 현지 에이전시 간의 지적재산권 분쟁으로 2021년에 한국 사업이 종료되었고, 2023년에 '담곰이'라는 이름으로 재차 국내에 들어왔다. 물론 일본에서도 LINE의 이모티콘 등으로 폭발적인 인기를 누렸지만, 이제 한국이든 일본이든 농담곰의 인기는 예전 같지 않다. 왜냐하면 농담곰 다음으로 나가노가 탄생시킨 캐릭터, 치이카와가 빠르게 그 자리를 꿰찼기 때문이다.

　2017년 5월, 나가노는 '이런 식으로 살고 싶다'며 어떤 낙서를 트위터에 공유했다. 누군가에게 혼나면 울고불고 난리 치다가 도망가고, 피곤하면 울고불고 난리 치다가 잠들고, 기쁜 일이 있으면 춤추고 싶다는 내용이었다. 그 낙서에서 처음 등장한 것이 '난카 치이사쿠테 카와이이야츠'(なんか小さくてかわいいやつ), 줄여서 치이카와(ちいかわ)다. 그냥 대충 편하게 고민 없이 살고 싶은 작가의 염원을 형상화한 캐릭터라 그런지 이름마저 대충 갖다

붙인 듯한 느낌이지만, 그게 또 찰떡같이 어울린다. 심지어 어감
이 귀엽기까지 하다.

귀여움과 매운 세계관, 둘 다 잘해요

겉모습 또한 귀엽다고 밖에 표현할 길이 없으니, 언뜻 보면 귀
여움으로 완전 무장한 아동용 캐릭터로 보인다. MZ세대들 중에는
귀엽게 생겼다는 이유만으로 치이카와의 굿즈를 구입하는 경우도
많다. 2023년 9월, 마법소녀 콘셉트의 팝업스토어 '초 매지컬 치
이카와'가 오픈했을 당시 오사카에서는 굿즈 추첨 당첨률이 무려
20대 1에 달해 화제를 모았는데, 매출은 작년보다 두 배 정도 늘
것으로 예측되었다.

현재 시중에 나온 치이카와 공식 굿즈는 셀 수 없을 정도로 종
류가 많고 산리오, 우체국, 한큐전차, 산토리, 롯데 등 대기업과의
콜라보 상품도 미친 듯이 쏟아지고 있어 일본 어느 곳에나 치이카
와가 있다고 해도 과언이 아니다. 치이카와 관련 일본 공식 트위
터 계정만 해도 10개가 넘는다. 만화를 연재하는 나가노의 공식
계정을 비롯해서 애니메이션, 공식 굿즈, 마켓, 랜드, 콜라보 카페,
이벤트 정보 등 세세하게 분야가 나뉘어 있어 일일이 체크하기도
힘들 정도다.

소비자가 저항 없이 지갑을 열게 만드는 귀여운 겉모습, 그것
만으로도 치이카와는 충분히 대단한 캐릭터지만 TV나 매체 기사,

SNS, 유튜브에 등장하는 치이카와 덕후들이 하나같이 강조하는 매력 포인트는 따로 있다. 바로 귀여움 속에 숨겨진 매운맛 세계관이다.

2020년부터 정식 연재 중인 치이카와의 만화는 현재 일본에서 단행본으로 6권(2023년 12월 21일 발행)까지 나와 있다(한국판 제목은 〈먼가 작고 귀여운 녀석〉, 줄여서 '먼작귀'). 만화의 인기에 힘입어 2023년 4월부터는 후지테레비의 아침 정보방송인 메자마시 테레비(めざましテレビ)에서 1분짜리 애니메이션을 주 2회씩 방영 중이다. 움직이는 치이카와를 보기 위해 아침 7시 40분에 TV앞에 멈춰 서는 사람들 중에는 MZ세대 뿐만 아니라 직장인들도 적지 않다고 한다. 사실 직장인들이야말로 치이카와의 세계관에 깊이 공감할 수 있는 진짜 타깃이 아닐까 싶다.

치이카와의 세계는 의외로 현실과 크게 다르지 않다. 노동, 보수, 시험, 자격증, 토벌, 격차, 불법 침입, 납치, 괴물, 폭력, 기근 따위가 존재하는 각박한 세상이다. 치이카와 및 하치와레, 우사기, 모몽가, 랏코 등 주요 캐릭터들은 인력 사무소에 나가 풀 뽑기나 토벌 같은 다양한 노동을 선착순으로 쟁취해 생활비를 벌고, 수입을 늘리기 위해 자격증 공부도 한다.

원래는 음식이 저절로 솟아났지만 기근으로 인해 돈을 지불하고 사 먹어야 하며, 뜬금없이 나타나는 괴물들과도 울면서 실랑이를 벌인다. 더욱이 몸을 바꿔치기 당하거나 괴물로 변할지도 모르는 위기가 곳곳에 도사리는 가운데, 치이카와와 친구들은 대체적으로 즐겁고 긍정적인 마인드로 은은하게 광기 어린 일상을 살아간다. 말하자면 귀여움으로 포장된 다크 판타지다.

평화로운 만화적 낭만에 인간 세계의 지독한 현실을 투영시키는 것은 많은 일본 콘텐츠에서 볼 수 있는 기법이기도 하다. 일본 라이프스타일 잡지 「CREA」는 나가노의 작품세계를 다룬 칼럼에서 '언뜻 훈훈해 보이는 판타지 속에 뭔지 모를 섬뜩한 순간을 감춰두는 것은 동화적인 뉘앙스를 강조한다'며 치이카와의 다크 판타지가 보노보노, 리락쿠마, 도라에몽 등의 작법을 답습하고 있다고 분석했다.

각박한 세상 속에서 소소한 것에 행복해하고 씩씩하게 열심히 사는 것. 그 어려운 걸 해내는 기특하고 귀여운 캐릭터들의 모습에 많은 일본인들이 위로를 받고 기운을 얻는다. 뷰티잡지 「VOCE」가 2023년 6월 호 표지에 치이카와를 등장시키며 '치이카와는 마음의 보습제'라는 카피를 내건 것에도 이마를 탁 치게 된다. 작고 귀여운 녀석들이 일본 사회에서 큰일을 해내고 있다.

For More Information
웹사이트: www.anime-chiikawa.jp
소셜미디어: instagram.com/ngnchiikawa

チョコザップ
issue.
12
초코잽
chocoZAP
편의점처럼 쉽고 부담 없는
피트니스 클럽
日本
MZ
トレンド
りゅうこう
流行
レポート
い気分
い香り
Pitch
co.
最強
スーパー
バランス
茶店
一品

일본에 온 지 얼마 되지 않았을 무렵부터 출퇴근길에 전철만 탔다 하면 반드시 마주치는 광고가 있었다. 유명 연예인의 다이어트 비포 앤 애프터 사진과 함께 '3달 만에 -9.7킬로!' 같은 문구를 크게 강조한 광고였다. 너무나 간결하고 직관적이라 피곤에 찌든 직장인의 뇌리에도 선명하게 박혔다. 그것이 라이잡(RIZAP) 이라는 프랜차이즈 피트니스 클럽의 전략적인 마케팅이었다는 것을 깨달은 건 라이잡이 급성장 한 후였다.

일본은 먹은 칼로리를 없었던 일로 해준다는 나캇타코토니(なかったコトに！) 같은 다이어트 보조제가 한국보다 앞서 발달했던 만큼, 그냥 앉아서 편하게 살 빼는 방법이 오랫동안 인기였다. 하지만 라이잡이 운동을 통해 '결과를 약속하는' 건강한 다이어트를 대대적으로 광고함과 동시에 사회적으로도 건강 지향적인 움직임이 증가했고, 팬데믹 사태로 인해 건강에 관심을 갖는 사람들이 늘면서 운동에 대한 사람들의 의식에 크고 작은 변화들이 생겨났다.

그럼에도 불구하고, 일본에서 일상적으로 피트니스 클럽에 다니는 피트니스 인구는 단 3%밖에 안된다. 일본 피트니스 클럽은 운동에 진심인 사람들이 각 잡고 전문적으로 트레이닝을 하는 곳이라는 이미지가 강하고, 무엇보다 비싸다. 라이잡만 해도 가장 저렴한 2개월(16회)짜리 베이직 플랜이 무려 327,800엔(약 327만 원)이고, 다른 여러 브랜드의 종합 피트니스센터들도 월 1만엔

(약 10만 원)은 기본이다. 몸과 마음, 시간과 지갑에 여유가 없다면 문턱을 넘기 힘들다는 뜻이다.

그런데 코로나가 끝날 무렵인 2022년 7월 즈음, 유튜브를 비롯한 각종 온라인 플랫폼에서 초코잡(chocoZAP)이라는 피트니스 클럽이 미친듯이 광고를 내보내기 시작했다. 라이잡의 성공으로 자회사를 20개 이상 늘리며 성장해온 라이잡 그룹의 새로운 라이벌이 나타났나? 싶은 착각이 들 정도로. 알고 보니 초코잡 또한 라이잡 그룹이 야심 차게 시작한 신개념 피트니스 클럽이었다.

초코잡이라는 이름은 '아주 조금', '잠깐'을 뜻하는 일본어 '초콧또(ちょこっと)'와 라이잡의 유래인 'RISE UP'을 합친 것이다. 외우기 쉬운 캐주얼한 네이밍과 조금을 뜻하는 집게손 모양의 로고에서 짐작할 수 있듯, 아주 잠깐 편의점에 들르는 기분으로 이

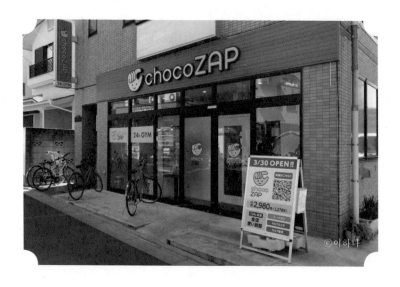
©이하나

용할 수 있는 '편의점 짐(Gym)'을 표방했다. 24시간 무인 영업을 하는 것은 물론이고, 요금도 획기적이다. 라이잡의 베이직 플랜보다 1/100 수준으로 저렴한 월 3,278엔(약 32,780원). 당연히 업계 최저가 수준으로, '사장이 미쳤어요'가 아닐 수 없다.

'피트니스 인구 3%의 작은 파이를 두고 경쟁하기보다는 나머지 대다수를 타깃으로 하고 싶었다'라고 라이잡 그룹 마케팅 본부장 스즈키 타카유키(鈴木隆之) 씨는 말한다. 피트니스에 별로 관심이 없던 나머지 97%의 관심을 끌기 위해 초코잡이 선택한 것은 피트니스 클럽의 통념을 완전히 뒤집어엎는 것이었다. 초코잡에서는 평상복 차림 그대로 모든 기구를 이용할 수 있고, 네일 관리, 제모, 지방 분해 마사지, 치아 화이트닝 등 셀프로 이용 가능한 에스테틱 기기들도 비치되어 있다.

또한 안마의자, 골프 연습 공간, 업무 공간도 마련되어 있어 운동 이외의 목적으로도 방문이 가능하다(영업점에 따라 다를 수 있다). 입장 후에 옷을 갈아입는 귀찮은 준비 과정 없이 필요한 기구를 바로 이용할 수 있는, 그야말로 피트니스계의 '편의점'을 구현한 것이라고 할 수 있다.

피트니스 클럽의 문턱을 낮추다 못해 없애버린 초코잡은 공격적인 마케팅과 입소문을 타고 초고속 성장을 이뤘다. 서비스를 개시한 지 1년 7개월이 지난 2024년 2월 현재 가입자수는 112만 명을 돌파하며 피트니스 업계 1위를 달리고 있고, 한 달에 수십 개씩 영업점을 늘린 결과 전국에 1300개 이상 지점을 운영 중이다. 일반적인 피트니스 클럽은 40대 이상 회원이 많은 반면, 초코잡은 저렴한 가격과 편리한 접근성 덕분인지 20대부터 50대까지 폭넓은 층이 눈에 띈다.

초코잡을 '2023년 히트 상품 베스트 30'의 2위로 선정한 닛케이 트렌디는 '일본의 과제인 평생 건강 만들기를 몇 걸음이나 앞당긴 히트 서비스'라고 평가했다. 초코잡을 통해 운동에 눈을 뜨고 좀더 본격적으로 몸만들기에 나서는 사람들도 생겨났다. 실제로 2024년 1월의 라이잡 신규 가입자 가운데 7.8%가 초코잡 경험자였다고 한다. 가까운 편의점에 없는 물건을 사러 대형 마트에 방문한 셈이다.

초코잡 사업은 1년 만에 연 수입 200억 엔 규모로 급성장해 2023년 11월에 예상보다 빠른 흑자 전환에 성공했다. 한동안 초코잡 사업에 집중 투자하느라 영업 적자가 지속됐던 라이잡 그룹도 2023년 10~12월 동안 11억 7,700만 엔의 단기 영업 흑자를 달성했다. 라이잡 그룹의 세토 타케시(瀬戸健) 대표는 '투자에 걸맞은 리턴이 돌아올 것이라는 확신이 있었다'고 말한다.

운동은 매일의 습관이 중요하기 때문에 얼마나 많은 피트니스 센터를 생활권에 오픈할 수 있는지가 큰 포인트다. 그래서 영업점을 확대하는 데 집중 투자하는 것은 필수불가결하다고 보았고, 요금 또한 소비자가 '안 가는 것이 손해'라고 느낄 수준까지 낮추는 과감한 선택으로 새로운 성공을 이뤘다. 라이잡이 운동에 대한 일본인들의 의식을 깨웠다면, 초코잽은 특별했던 피트니스 클럽을 사람들의 일상 속에 스며들게 했다. 어쩌면 일본인들의 건강 수준은 초코잽을 통해 '초콧또' 높아지지 않았을까? 초고령화 사회인 만큼 초코잽의 유행은 실보다 득이 클 것으로 예상된다.

For More Information
웹사이트: www.chocozap.jp
소셜미디어: instagram.com/chocozap_official

コラボレーション
銭湯

issue. 13

클라보레이션 센토

→

**몸과 마음의 정화에 꽂힌
MZ세대들**

日本	MZ	トレンド	流行	レポート

い気分
い香り

pitch
co.

最強

ッサージ
ーパー
ランス

喫茶店
一品

99

カラオケ

일본만큼 목욕에 진심인 나라도 없을 것이다. 대중목욕탕을 일컫는 센토(錢湯) 및 온천(溫泉)은 오랜 역사를 자랑하는데다 집에서도 매일 저녁 욕조에 물을 받아 몸을 담그며 하루의 피로를 푸는 것이 기본 루틴이다. 그렇기에 연식이 오래되거나 월세가 싼 곳을 제외한 대부분의 집들은 청결과 효율을 위해 욕실과 화장실이 분리되어 있고, 욕조에도 목욕물의 온도조절을 비롯해 물 높낮이 조절, 식은 물 다시 데우기 등 여러 가지 편리한 기능이 갖춰져 있다.

더욱이 욕실 천장에는 환기와 건조, 냉난방 기능을 겸한 '욕실 환기건조난방기'가 설치되어 있어 언제든 쾌적한 환경에서 목욕을 즐길 수 있다. 이뿐만이 아니다. 욕조에 넣는 입욕제 시장도 발달돼있어 마트나 드럭스토어에는 입욕제 코너가 크게 한자리를 차지하고 있다. 알록달록한 패키지로 각종 색깔과 향, 효능을 어

필하는 입욕제들은 그저 바라만 봐도 혈액이 순환되는 느낌이랄까. 입욕제 시장은 특히 집에 있는 시간이 길었던 팬데믹 시기에 수요가 급증해 2022년에는 5년 전보다 32.9% 증가한 691억 엔 규모에 달했다.

코로나19 규제가 완화되기 시작한 2022년 무렵부터 일본 MZ세대들 사이에서는 신기하게도 사우나가 유행하기 시작했다. 자고로 일본의 사우나란 하반신에 흰 타월을 두른 무섭게 생긴 아저씨들이 땀을 빼며 낮은 목소리로 담소를 나누는 이미지가 강한데 (미디어의 영향이 이렇게 무섭다), 요즘은 몸과 마음을 정돈하는 '토토노우'(整う)를 실천하는 데 꽂힌 MZ세대들로 북적인다고 한다.

이런 흐름 속에서 코로나19로 수요가 주춤했던 센토 또한 활기를 되찾았다. 거기에는 여러 유명 브랜드들이 센토의 낡은 이미지를 타파할 콜라보레이션을 기획한 것이 큰 역할을 했다. 그중에서도 인상 깊었던 곳은 야구공 만한 크기의 배쓰밤으로 유명한 러쉬(LUSH). 영국에서 탄생했고 한국에서는 파워 E성향의 점원들이 배쓰밤 하나를 팔기 위해 두 개를 녹여 시범을 보여주기로 소문난, 바로 그 브랜드다.

2023년 7월 21일, 러쉬 재팬은 웰빙을 테마로 한 새로운 프로젝트 'Bathing & Poetry'를 개시했다. 몸의 피로를 풀어주는 목욕과, 마음을 치유해 주는 시(詩). 이 두 가지를 결합시켜 더욱 풍요

롭고 웰빙한 목욕을 체험할 수 있도록 한 것이다. 프로젝트를 기념하여 시를 처방하는 것으로 유명한 영국의 약국 'The Poetry Pharmacy'와 함께 두 종류의 신상 배쓰밤을 론칭했고, 도쿄 코엔지에서 90년 역사를 자랑하는 센토 코스기유(小杉湯)를 예쁘게 단장해 기간 한정으로 오픈했다.

코스기유에 직접 다녀온 후배의 말로는 목욕탕 내부에 마치 샤워기의 물줄기가 떨어지듯 장식된 시가 무지갯빛 조명을 받는 가운데, 한 시간에 한 번, 10개 정도의 배쓰밤을 대형 욕조에 한꺼번에 투하하는 이벤트로 분위기를 띄우곤 했단다. 센토를 찾은 사람들은 나이 든 동네 주민들과 러쉬의 프로젝트를 체험하기 위해 발걸음 한 MZ세대가 반반. 공용 공간에 옹기종기 모여 앉아 비치된 최신 잡지나 만화 단행본을 보는 MZ세대들의 모습에서, 묘한 이질감과 함께 센토 문화에도 새로운 변화가 찾아온 것을 느꼈다고 한다.

사해 소금 바디스크럽이 유명한 이스라엘의 바디케어 브랜드 사봉(SABON)도 2023년 10월, 일본 진출 15주년을 기념해 도쿄 아다치구에 있는 센토 홋타유(堀田湯)와의 콜라보레이션 센토를 오픈했다. 콘셉트는 '따뜻함과 오모테나시(おもてなし, 정성껏 손님을 환대하는 것)'. 외관은 사봉의 세계로 초대하는 나비의 입체 모형으로 가득 메우고, 내부는 꽃과 나비의 그래픽으로 꾸며 사봉 제품의 독특한 향기와 질감을 시각적으로도 구현했다. 목욕비

520엔으로 사봉의 모든 제품을 직접 써 볼 수 있다는 점도 매력적이었다. 마지막 날에는 2시간 정도의 웨이팅이 생겼을 정도로 성황을 이뤘다.

일본에서 2를 뜻하는 '후타츠(ふたつ)'와 6을 뜻하는 '로쿠(ろく)'의 앞 글자를 따면 '후로(風呂)', 즉 '목욕'이 된다. 그런 의미에서 매년 2월 6일은 일본 기념일 협회가 제정한 '목욕의 날(お風呂の日)'이다. 2024년 2월 6일에는 도쿄도욕장조합(東京都浴場組合)과 일본의 국민 비누 회사인 우유비누(牛乳石鹸), 그리고 패션 편집샵인 빔스 재팬(BEAMS JAPAN)이 협력하는 프로젝트 '센토의 권유(銭湯のススメ)' 제4탄이 시작되었다.

이번에는 올해 100주년을 맞이한 도에이 버스(都営バス)도 참여해 프로젝트를 위해 특별히 랩핑한 버스를 운영하고 귀여운 일러스트가 그려진 굿즈도 제작했다. 버스를 타고 스탬프 투어를 할

©이하나

수 있도록 도쿄 내에 있는 440곳의 센토가 참가했다고 하니, 관심을 갖지 않는 것이 더 어려워 보인다.

참고로 센토에는 가보고 싶지만 위생이나 노출이 걱정된다면 센토를 카페로 개조한 '센토 카페'에 가는 방법도 있다. 도쿄에는 레본카사이유(レボン快哉湯), 킷사신카이(喫茶深海), 에스디커피(エスディコーヒー) 등이 유명하다. 오래된 센토의 정취를 그대로 느끼면서 티타임을 가질 수 있어 관광객들도 즐겨 찾는다. 이제 센토는 누군가에겐 일상이며, 또 누군가에게는 비일상의 체험이다. 지금이야말로 센토의 르네상스가 아닐까?

蛙化現象

issue. 14 개구리화 현상

Frog-ization

이성에 대한 MZ세대의
이상과 현실 사이

日本 | MZ | トレンド | 流行 | レポート

- 가게 점원에게 무례한 태도를 취할 때
- 음식을 지저분하게 먹을 때
- 쓰레기를 길바닥에 버릴 때
- 제멋대로 행동할 때

최근 일본 MZ세대를 중심으로 유행 중인 '개구리화하게 되는' 행동 1위부터 4위까지의 사례다. 개구리화란 호감을 갖고 있던 상대가 자신에게 호감을 표하게 되면 갑자기 정이 뚝 떨어지는 것을 뜻하는 심리학 용어지만, MZ세대들 사이에서는 좋아하는 상대의 사소한 행동을 보고 짜게 식어버리는 현상을 가리키는 말로 약간 변형되어 쓰이면서 엄청난 화제를 불러일으켰다. 2023년 상반기 'Z세대가 고른 트렌드 랭킹' 1위에 올랐고, 2023년 신어·유행어 대상 TOP 10에도 선정됐다.

개구리화 현상의 본질은 이상과 현실의 괴리다. 좋아하는 상대방이 내가 생각하는 이상적인 모습이 아니었던 현실에서 오는 실망과 낙담, 혐오감 같은 감정들을 '개구리화'라는 단어로 표현한 것이다. 심리학 용어로서의 개구리화 현상은 일본의 심리학자 후지사와 신스케(藤沢伸介)가 2004년에 발표한 논문 〈여자가 연애 과정에서 조우하는 개구리화 현상〉에서 처음 쓰였는데, 유래는 그림(Grimm) 동화 '개구리 왕자'라고 한다. 저주에서 풀린 개구리가 잘생긴 왕자로 변하는 동화의 내용을 역으로 차용한 것이다.

일본에서 소셜 데이팅 앱을 운영하는 연애·결혼정보 기업
Parasol이 남녀 1741명을 대상으로 조사한 결과, 전체 응답자의
절반 이상인 54.4%가 개구리화 현상을 한 번 이상 경험했다고 응
답했다. 또한 82.3%가 개구리화 현상을 겪고 부정적인 감정을 느
꼈다고 한다. 이렇게 개구리화 현상이 급격하게 부상한 이유는 뭘
까? 와세다대학 출신 Z세대 창업가인 오츠키 유이(大槻祐依)는
MZ세대들의 개구리화를 가속시킨 요소에는 크게 두 가지가 있다
고 말한다. 바로 SNS와 가성비(가격 대비 성능), 시성비(시간 대
비 성능)를 따지는 가치관이다.

"화려한 SNS에 익숙한 Z세대이기 때문에 환상을 부풀리기가 쉽고,
싫은 부분이 아주 조금이라도 보여서 환상이 깨지는 걸 용납할 수 없는
점이 개구리화 현상을 가속시켰을 가능성이 있어요."

최고의 순간들이 모인 잘 정돈된 인스타그램 피드가 곧 계정
주의 이미지이자 브랜드가 되는 세상이다. 그런 SNS에 익숙한 MZ
세대들은 보여주고 싶은 것과 그렇지 않은 것, 보고 싶은 것과 그
렇지 않은 것을 철저히 구분한다. 뮤트, 블락, 언팔로우 등 모든 기
능을 동원해 내 입맛에 맞게 꾸린 타임라인은 현실에서도 알게 모
르게 적용된다. 그래서 상대방의 사소한 흠이 거슬린다. 그런데
현실 세계는 SNS와 달리 버튼 하나로 사람을 거를 수가 없으니,

현타(현실 자각 타임)를 비롯해 온갖 감정이 밀려오는 건 당연지사다.

거기에다 가성비와 시성비를 따지는 가치관이 더해지면 썸에서 연애로, 연애에서 결혼으로 발전하는 과정의 훌륭한 장애물이 완성된다. 자신이 미리 설정해둔 파트너의 이상적인 모습과 조금이라도 부합하지 않는 사람은 시간과 돈을 투자할 가치가 없다고 판단해버리는 것이다. "결점을 보면서도 천천히 관계를 키워나가는 것 자체가 요즘 젊은 사람들에게는 신선한 일"이라는 사회학자 이시다 미츠노리(石田光規) 교수는 개구리화 현상이야말로 MZ세대가 인간관계를 맺는 방법을 상징한다고 말했다. 파트너를 사랑으로 보듬고 인내하는 건 이제 옛말이다. 연애에 있어서도 실패를 최소한으로 줄여야 하는 MZ세대에게 개구리화 현상은 어쩌면 중요한 판단 기준이 될 수도 있다.

　기성세대가 본다면 분명 통탄할 일이다. 하지만 개구리화 현상이 꼭 부정적인 것만은 아니다. 오츠키 유이 대표는 MZ세대들이 SNS을 통해 세계 속의 다양한 가치관을 받아들이고 자신의 이상과 가치관을 쉽게 표현하게 된 점, 빠른 PDCA 사이클로 본인의 인생을 좋은 방향으로 개척해나가고자 하는 점, 즉 '전진하는 힘'을 개구리화 현상의 긍정적인 요소로 바라봤다. 자신의 실패담을 '개구리화 현상'이라며 훌훌 털어버리는 것이 다음으로 넘어갈 힘으로 바뀐다.

　MBTI나 메타인지 같은 개념의 유행으로 인해 스스로에 대해 파악할 기회가 많은 MZ세대들은 좀 더 나답게 살기 위한 시행착오를 반복한다. 개구리화 현상은 그 시행착오 중 하나일 뿐이다. 개인적으로는 글 앞머리에서 소개한 '개구리화하게 되는' 행동들이 지극히 비매너 행위라는 게 흥미롭다. 미디어에는 마치 고삐 풀린 망아지 같은 이미지로 비치지만, 기본적인 예의와 매너를 중요하게 생각한다는 방증이기 때문이다. 개구리화 현상이 유행하는 건 혹시 MZ세대만의 자정 작용, 뭐 그런 게 아닐까? 아무튼 개구리화 현상으로 인해 심하게 상처받는 이들이 없기만을 바란다.

藤井聡太

issue.
15

후지이
소타

Fujii Sota

독보적인
최연소 장기 천재

| 日本 | MZ | トレンド | 流行 | レポート |

야구로 치면 구속 170km 투수, 육상으로 치면 100m 8초대 선수 같은, 슈퍼컴퓨터나 AI도 예측 불가능한 독자적인 두뇌회로를 가진 청년. 이런 만화 주인공 같은 캐릭터가 현실에 있다. 일본의 프로 장기(将棋) 기사 후지이 소타. 2002년 7월 19일생인 그는 겉보기엔 수줍음 많은, 이제 겨우 스물을 넘긴 청년이지만, '사상 최강의 명인'이라는 수식어가 붙은 일본 장기계의 어마무시한 천재 슈퍼스타다.

같은 장기라도 한국과 일본은 방식이 조금 다르다. 일본은 가로세로로 각 9줄, 81칸에서 40개의 말을 이용해 둔다. 상대방에게 뺏은 말은 재이용이 가능하며, 상대방의 교쿠(玉, 옥. 한국 장기의 한漢과 초楚)를 움직이지 못하게 하면 승리한다. 이런 고유의 룰로 400년 이상 사랑받아온 장기는 수백만 명의 애호인들이 존재한다.

프로 기사가 되면 총괄 단체인 일본 장기 연맹이 개최하는 다양한 타이틀전에 나갈 수 있는데, 현재 출전 자격이 있는 프로 기사만 자그마치 200명이다. 프로 기사는 원칙적으로 일 년에 4명까지만 데뷔할 수 있다. 프로가 되기 위해 장기 연맹 장려회에 소속된 예비군들은 26세가 되는 생일날까지 4단 승단에 실패하면 자동으로 탈퇴 처리된다. 그런 치열한 경쟁 속에서 후지이는 14세라는 어린 나이에 프로 기사(4단)가 되었고, 17세 때 첫 타이틀을 획득한 뒤 지금까지도 파죽지세의 행보를 보이고 있다.

일본 장기계에는 8개의 타이틀이 존재한다. 용왕(竜王), 명인(名人), 왕위(王位), 예왕(叡王), 왕좌(王座), 기왕(棋王), 왕장(王将), 기성(棋聖). 이 중 단 한 개라도 보유하게 되면 가문의 영광이 아닐 수 없다. 그런데 2024년 3월 현재 8개의 타이틀을 어느 한 사람이 독점하고 있다. 어차피 승자는 후지이. 매 타이틀전마다 사상 최연소 기록을 갈아치우며 도장 깨기에 성공해온 그가 2023년 10월에 개인 8번째 타이틀인 '왕좌'를 손에 거머쥐었다.

고작 21세 청년이 8관을 제패한 전대미문의 사건이다. 만화 주인공도 이렇게까지 설정이 과하면 욕먹는 시대인데. 현실이 만화를 뛰어넘었다. 보통은 이름 뒤에 타이틀을 붙여 '후지이 소타 왕좌'라고 불러야 하지만, 후지이의 경우 대부분의 미디어가 '후지이 소타 8관'(藤井聡太八冠)이라고 표기한다. '독보적'이란 표현은 바로 이럴 때 써야 하는 게 아닐까?

후지이의 활약에 힘입어 일본은 지금 장기 열풍이 한창이다. 후지이 관련 굿즈나 서적이 불티나게 팔리고 장기를 주제로 한 만화나 영화가 화제다. 인터넷TV 서비스 'Abema TV'는 장기 전문 채널을 개설했고, 스포츠 잡지 「Number」도 창간 40년 만에 처음으로 '두뇌의 스포츠'라는 장기를 특집으로 다뤘다. 또한 후지이의 대국을 전문가가 해설해 주는 실황 이벤트 현장에는 그를 덕질하는 여성 팬들이 대거 몰린다. 후지이를 계기로 장기를 배우는 여성들도 급증했다. 다른 프로 기사들까지 연예인 못지않은 인기를 누리고 있는 것도 당연히 후지이의 파급효과다.

덕분에 후지이가 움직일 때마다 수십억의 돈도 같이 움직인다. 경제학 전문가인 미야모토 카츠히로(宮本勝浩) 칸사이 대학 명예교수에 따르면, 후지이의 경제효과는 총 35억 3,400만 엔(약 315억 원) 이상. 후지이가 2023년에 획득한 상금 및 대국료는 1억 8,634만 엔(약 16억원)인데, 이 정도면 21세 연봉 상위 0.1%가 아니신지. 그런데도 "평소에 쇼핑을 거의 안 한다. 자판기에서 음료수를 뽑아 먹으면 사치를 부렸다는 생각이 든다"라고 말하는 걸 보고 '내가 낳았어야 했는데!'라는 주접이 절로 나왔다.

이쯤 되면 이 희대의 천재가 도대체 어떤 환경에서 자라왔는지 궁금한 게 인지상정. 비즈니스 잡지 「PRESIDENT」가 특집으로 기획한 '자녀를 후지이 소타처럼 키우는 힌트 발견'에 따르면 후지이는 매일 종이 신문을 읽으며 세상 만사를 파악하고 시바 료타로(司馬遼太郎)나 사와키 코타로(沢木耕太郎)의 책들도 즐겨 읽는다고 한다. "인터넷으로도 원하는 정보를 얻을 수 있지만 너무 콕 집은 결과만 나온다"는 것이 이유다.

중학생 때부터 '망외(望外)의 결과(11연승 당시)', '내 실력으로는 요행(僥倖)이라고 밖에(20연승 당시)', '하나하나 대국해온 게 절목(節目)의 숫자가 됐다(통산 50승 달성 당시)'처럼 또래에 비해 풍부한 어휘력을 구사하고 엄청난 집중력과 사고력을 보여준 비결은 결국 누구나 알지만 꾸준히 실천하기 어려운 것이었다. 또 대국 날은 아이스커피를 자주 마시고, 카레를 먹은 날 승률이 높다는 분석도 나와 있지만 정작 본인은 특별한 징크스 같은 건 없다고 하니 정말 무서운 사람이다.

온 나라가 천재라고 떠받들어도 정작 후지이 본인은 흔들림 없는 편안함 그 자체다. 거침없이 연승을 이어나갈 때도 코멘트는 늘 겸손의 극치이고 장기 연구도 게을리하지 않는다. 오히려 Z세대답게 AI를 적극 활용해 대국을 분석하고 연습한다는 비결이 화제를 모았다. 어린 시절엔 〈도라에몽〉, 〈짱구는 못말려〉를 본방사수하는 평범한 소년이었던 그를 만나게 되면 아무래도 첫 질문은 이게 좋겠다. 선생님, 지금 혹시 인생 2회차 아니세요?

ひき肉です

issue.
16

히키니쿠데스

2023년을 휩쓴
인터넷 밈

日本　MZ　トレンド　流行　レポート
りゅうこう

い気分
い香り
pitch
co.

最強

ッサージ
ーパー
ランス

喫茶店
一品

일본에서 새로운 중학생 유튜브 스타들이 탄생했다. 유튜브 재팬이 2023년에 발표한 '국내 톱 구독자수 증가 크리에이터' 연간 순위에서 1위를 차지한 채널 촌마게 코조(ちょんまげ小僧, 에도 시대의 일본식 상투머리를 한 애송이라는 뜻)를 운영하는 6명의 멤버들이다. 그런데 여느 그룹이 그러하듯 유독 한 멤버가 대중들에게 깊은 인상을 남겼다. '히키니쿠'(ひき肉, 다진 고기)라는 이름을 가진 멤버다.

"히키니쿠데스!" (히키니쿠입니다!)

이른바 '삑사리'가 난 목소리로 이렇게 외치면서 머리를 숙이고 양팔을 벌리는 게 히키니쿠의 인사법이다. 이 모습을 본 Z세대들은 '웃긴다'며 느닷없이 그를 흉내 낸 영상을 SNS에 올리기 시작했다. 그리고 각종 SNS에서 '히키니쿠데스'를 샘플링한 음원이나 '히키니쿠 댄스'도 유행하기 시작했다. 새로운 인터넷 밈이 탄생한 것이다. 팬을 비롯한 일반 대중뿐만 아니라 연예인, 인플루언서, 스포츠 선수 등 유명인들도 '히키니쿠데스'를 따라 하며 신드롬을 일으켰다.

2023년 7월에 1,000명도 안되던 채널 구독자수는 약 한 달 만에 100만 명, 네 달 만에 150만 명을 돌파하는 기염을 토했다. 당연히 '2023년 신어·유행어 대상'을 비롯해 'SNS유행어대상

2023'의 후보에도 올랐고, 멤버들은 3대 통신사 중 하나인 소프트 뱅크의 CF에 출연하는 등 연예인 못지않은 인기를 누렸다.

'촌마게코조(ちょんまげ小僧)', '히키니쿠(ひき肉)', '나마즈(ナマズ, 메기)', '판다(パンダ, 판다)', '이소 긴챠쿠(イソ・ギンチャク, 말미잘)', '히다리아시(右足, 오른발)'. 서로를 별명으로 부르는 동네친구인 멤버들은 사실 대단한 특기를 가졌거나 외모가 출중한 편은 아니다. 그저 카드게임을 하거나 공원에서 노는 중학생들의 리얼한 방과 후 모습을 보여줄 뿐이다.

교육열 높은 한국에서 자란 사람으로서 그들이 학원은 안 다니는지 궁금해 찾아봤지만 그에 대한 언급은 없었다. 그런데 영상 촬영과 편집을 본인들이 직접 한단다. 어느 광고 전문가는 "중학생이라고는 믿기 힘든 편집 센스와 효과적인 BGM을 사용해 평균 2분, 최대 10분 정도로 만들어진 영상이 시성비(시간 대비 성능)를 중시하는 Z세대들에게 먹혔다"라고 분석했다. 그러고 보니 이런 영상을 만든다는 것 자체가 엄청난 특기이자 스펙이다.

주간지 「여성 세븐」이 촌마게 코조 채널의 재생수를 기반으로 계산한 월수익은 40~120만 엔 정도. CF출연이나 PPL 광고가 계속 들어온다면 '억단위 수익도 꿈은 아닐 것'이라고 전망했다. 너무 갑작스레 인기를 얻은 탓인지 2024년 1월에는 멤버들의 보호자들이 수익 배분을 둘러싼 분쟁을 일으켰지만 그럼에도 불구하고 멤버들은 사이좋게 새로운 영상을 계속 업로드 중이다. 구독자와 재생 횟수를 착실히 늘려간다면 엄청난 유튜브 채널로 성장할 것이다.

하지만 그들이 아직 중학생이라는 점은 마음에 걸린다. 과연 고등학생이 되어서도 지금처럼 방과 후에 모여 사이좋게 놀 수 있을까? 공부에 전념하고 싶거나 가수 및 배우를 꿈꾸는 멤버가 나타나지 않을까? 어떤 모습이 됐든 지금의 순수함과 천진난만함을 간직한 채 무궁무진한 가능성을 보여주길 바란다.

For More Information
소셜미디어: youtube.com/ ⓐTYONNGE

こだわり 酒場のタコハイ

issue. 17

코다와리 사카바노 타코하이

호기심을 유발하는
마케팅의 성공

日本 | MZ | トレンド | 流行 | レポート

"타코하이, 무슨 맛인지 궁금하지?"

'타코하이'라고 쓰여 있는 유리잔을 든 아나운서 출신 배우 다나카 미나미(田中みな実)가 이렇게 묻고서는 잔에 든 투명한 음료를 맛있게 한 모금 들이켠다. 그러고는 '…… 하는 맛!' 하고 애교스러운 표정을 짓는다. 이 모습을 본 사람들의 머릿속에는 여러 가지 물음표가 떠올랐다. 방금 뭐야? 왜 맛에 대해 설명 안 해줘? 참신한 건지 농락당한 건지 기분이 이상한데? 그래서 결론이 뭐야? 타코하이가 무슨 맛이라고??

2023년 3월, 산토리(SUNTORY)의 브랜드 중 하나인 '코다와리 사카바'가 '타코하이(タコハイ)'라는 알콜 도수 6도의 신제품을 출시했다. 코다와리 사카바는 원래 레몬사와가 유명한 브랜드인데, 타코하이라고 이름 붙인 '플레인 맛'이 추가된 것이다. 타코하이는 행복이 많다는 뜻의 多幸와 하이볼(증류주와 탄산음료를 섞은 것)의 줄임말로, 1980년대에 인기를 끌다가 21세기의 시작과 함께 역사 속으로 사라진 '산토리 주효 타코하이(サントリー樹氷 タコハイ)'에서 처음 사용되었다고 한다. 한국에서도 간식으로 인기가 많은 '문어빵' 타코야끼(たこ焼き)와 조금 헷갈리는 이름이긴 하다. 산토리도 옛날에는 그걸 의식했는지 주효 타코하이의 CF에 타코보이라는 이름의 문어 캐릭터를 등장시켜 친근감을 유발했는데, 그 역시 역사 속으로 사라졌다.

2022년의 알콜 RTD(Ready to Drink, 구입 후 바로 마실 수 있는 캔이나 병음료. 일본에서는 주로 알콜 캔 제품을 뜻한다) 시장은 레몬을 필두로 과일 맛이 압도적인 점유율을 차지했으며, 플레인 맛의 점유율은 고작 1%밖에 되지 않았다. '플레인 사와'의 수요가 거의 없다는 말이다. 그런데 산토리는 이런 상황을 역으로 이용해 "타코하이, 무슨 맛인지 궁금하지?"라는 캐치프레이즈로 음주가들의 호기심을 제대로 자극했다. 레몬사와의 인기에 발맞춰 RTD를 한층 더 진화시킨 아사히 맥주와는 다른 노선이다. 산토리는 레몬사와랑 동일한 코다와리 사카바라는 브랜드를 이용해 친근감은 남기되 새로운 맛으로 도전장을 내밀었고, 그 회심의 일격은 성공을 거두었다.

그래서 타코하이는 대체 무슨 맛이냐고? 직접 마셔보니 볶은

©이하나

보리소주의 고소함이 베이스로 깔리면서 은은하게 감귤의 풍미가 입안에 퍼진다. 레몬사와처럼 자극적으로 시지도 소주처럼 쓰지도 않은, 자기주장 없는 깔끔한 맛. 덕분에 질리지 않고 계속 마실 수 있을 것 같고 식사와 함께하는 반주로도 딱이다.

이렇게 요즘 입맛을 제대로 저격하는 상품을 개발해놓고서, 타코하이의 론칭 CF는 맛을 묘사하지 않아 소비자들이 먹어봐야 직성이 풀리게끔 만들었다. 이 CF가 큰 반향을 일으킨 덕분에 출시한 지 3개월 반 만에 연간 판매 계획량이었던 250만 케이스(1케이스 용량 6리터)를 가볍게 돌파해 연간 판매 계획은 500만 케이스로 상향 수정되었고, RTD 시장의 플레인 사와 점유율도 일 년 새 1.3%에서 2.9%로 두 배 이상 늘어났다.

닛케이 트렌디는 '2023년 히트 상품 베스트 30'에 타코하이를 7위로 꼽고 레몬사와가 인기인 가운데 새로운 시각으로 새로운 맛의 출시를 강행한 산토리의 의욕을 높게 평가했다. 21세기로 다시 소환된 타코하이. 매력적인 상품과 신비주의 마케팅이 만나 아주 강력한 시너지 효과를 낸 결과다.

ルーフ
ミュージアム

issue.
18

→

루프
뮤지엄

Lurf MUSEUM

감도 깊은 취향을
향유하는 공간

日本 MZ トレンド 流行 レポート
りゅうこう

도쿄 다이칸야마(代官山)에 있는 루프 뮤지엄을 간단히 설명하면 이렇다. '고급 취향을 다 때려 넣은 곳'. 주목받는 예술가들의 작품들과 고급 브랜드의 컵에 담겨 나오는 맛있는 커피, 1920~40년대의 북유럽 빈티지 가구들, 아날로그 LP로 깔리는 BGM, 그리고 이 모든 것을 과하지 않게 소화해내는 넓고 확 트인 공간이 있다. 도쿄에서 유행하는 카페는 웬만큼 가봤지만, 이렇게 다 잘하는 카페는 처음이다. 눈길이 닿는 곳곳에서 감도 깊은 안목과 취향이 느껴진다.

다이칸야마는 명품 브랜드샵이나 편집샵이 많이 모여 있어 연예인들도 자주 출몰하는 셀럽 동네로 잘 알려져 있다. 또한 유명한 츠타야서점(蔦屋書店)이 있는 T-Site를 비롯해 갤러리가 많은 예술 문화의 장이기도 하다. 츠타야 서점으로 가는 길목에 자리한 루프 뮤지엄은 마치 다이칸야마의 축소판 같다. 1층 카페에서는 벽에 걸린 작품을 감상하며 티타임을 즐기거나 작가들의 오리지널 굿즈, 서적 등을 구경할 수 있고, 2층 갤러리에서는 작가들이 쏟아낸 땀과 열정을 음미할 수 있다.

"미술관보다는 부담없이, 하지만 갤러리보다는 농밀하게 아트와 마주할 수 있는 공간. 카페라는 일상적인 공간에서 느긋히 작품을 볼 수 있는 새로운 장소"를 만들고 싶었다는 루프 뮤지엄의 운영책임자 마츠카와 나오히토(松川直仁)는, 이상적인 공간을 구현하기 위해 각자의 전문분야에서 예술과 접해온 젊은 인재들을 불러모았다.

하지만 카페 분야만큼은 경험이 전무했기 때문에 커피 애호가들 사이에서 '미쳤다'고 소문난 진보쵸(神保町)의 커피전문점 GLITCH COFFEE & ROASTERS에서 커피 내리는 법을 전수받았다. 치즈케익과 당근케익은 각각 다이칸야마에 있는 파운드 케익 전문점 에니스모어 가든과 나고야의 카페갤러리 STILL LIFE에서 공수한다. 로얄 코펜하겐의 식기에 담겨 나온 커피와 케익을 보자마자 대접받고 있다는 느낌이 절로 들었다. 직원들은 친절하고 맛도 훌륭하다. 이것만으로도 방문한 가치가 충분한데 눈과 귀까지 호강시켜주니, 다른 카페들이 시시해질까봐 걱정이 될 정도였다.

내가 방문했을때 선곡된 BGM은 빌 에반스 트리오의 명반 〈Waltz for Debby〉이었다. 주로 재즈를 트는 일이 많지만 예상보다 고객층이 젊어 팝 음악을 재생할 때도 있다고 한다. 마란츠의

ⓒ이하나

진공관 앰프와 1950~60년대의 JBL 스피커의 매칭을 통해 흐르는
LP사운드가 커피와 케익 맛을 돋운다. 운영책임자 마츠카와가 하
나하나 해외에서 직접 구입했다는 1930년대의 북유럽 빈티지 가
구들과 모겐스코흐(Mogens Koch)가 디자인한 선반, 폴 헤닝센의
조명도 절묘하게 어우러졌다. 어느 것 하나 튀거나 거슬리는 것
없도록 세세하게 설계된 정돈된 공간이 영화 세트로도 손색없을
것 같다.

1층 카페의 벽면과 층고 4미터, 70평의 밝고 넓은 공간을 자랑
하는 2층 갤러리에서는 나가바 유(長場雄)의 〈Pink Nude〉를 시작
으로 젊은 예술가들의 개인전이 끊임없이 열린다. 방문 당시 타카
야 토와(高屋永遠)의 개인전 〈It calls: shades of innocence〉가 열
리고 있었다. 1층에는 걸기 힘들었을 것으로 짐작되는 대형 작품
들이 2층에 전시되어 있었다. 이곳에서는 전시뿐만 아니라 토크

ⓒ이하나

쇼도 개최한다. 관심만 있다면 활발하게 활동중인 젊은 작가들과
직접 만나 이야기를 들을 수 있다. 이렇게 일상에서 문화 예술을
향유하고 공유하려는 사람들의 올곧은 신념에 고개가 숙여진다.
예술이야말로 삶을 더 풍요롭게 하는 치트키임을, 루프 뮤지엄에
서 다시금 확인했다.

For More Information
주소: Roob1-1F 2F, 28-13 Sarugakucho, Shibuya-ku, Tokyo
웹사이트: www.lurfmuseum.art
소셜미디어: instagram.com/lurf_museum

マッチング
アプリ
issue.
19
소개팅
앱
Matching App
일본 미혼 남녀들의
연애 사정
日本
MZ
トレンド
りゅうこう
流行
レポート
いい気分
いい香り
Pitch
co.
9F
9F
最強
8F
7F
マッサージ
スーパー
バランス
6F
喫茶店
一品
5F
4F

한국의 상황도 크게 다를 것이 없을 듯하나, 일본 젊은층의 결혼 기피현상은 사회적인 문제로 대두된 지 오래다. 2019년에 인구 1,000명당 4.8명이던 혼인율은 2020년에 4.3명, 2021년에 4.1명으로 줄곧 하락세를 나타내고 있다. 후생노동성의 인구동태 통계조사에 따르면 2021년의 혼인신고 건수는 50만 1,116건으로, 20년 전에 비해 무려 30만 건 넘게 감소했으며 이는 제2차 세계대전 이후 가장 적은 수치라고 한다.

결혼에 대한 인식이 변했다고는 하지만 '운명의 상대'를 찾고자 하는 젊은 남녀들은 항상 존재하기 마련이다. 사실 젊은층 가운데 결혼을 희망하는 비율은 최근 30년간 거의 일정하게 유지되어 왔다. 1992년에 결혼을 희망한 2030 세대의 비율은 남성 43%, 여성 50%였는데, 2021년에도 남성 44%, 여성 49%였던 것을 보면 여기에도 질량 보존의 법칙이 적용되나 싶다. 그렇기 때문에 대학가에서는 예로부터 우리나라의 단체미팅과 비슷한 고콘(合コン)이 활발하게 이루어져 왔고, 맞선에 해당하는 오미아이(お見合い) 문화도 발전에 발전을 거듭하고 있다.

코로나19로 인해 고콘이나 오미아이가 주춤하자 새롭게 각광을 받은 건 다름 아닌 소개팅 어플리케이션이다. 'Pairs', 'Tinder', 'with', 'tapple', 'Omiai' 같은 앱들이 이때다 싶었는지 각종 온라인 플랫폼에서 공격적으로 광고를 집행했고, 결혼정보회사에 등록하기는 부담스럽지만 만남의 기회는 갖고 싶은 젊은이들의 한

줄기 빛과 같은 존재로 부상했다. 일본은 어느덧 4명 중 1명이 소개팅 앱을 통해 결혼하는 시대에 접어들며 '어플결혼(アプリ婚)'이라는 신조어도 쉽게 찾아볼 수 있게 됐다.

물론 소개팅 앱이 세상 모두에게 유익한 것은 아니다. 폭행, 살인, 절도, 사기 등 범죄에 악용되는 경우도 적지 않다. 데이팅 앱을 매개로 한 살인사건을 그린 한국 넷플릭스 시리즈 〈썸바디〉처럼 일본에도 소개팅 앱의 폐해를 다룬 만화나 드라마, 영화가 속속 등장하고 있다. 2024년 2월에 개봉한 영화 〈매칭〉(マッチング)도 그 중 하나다. 츠치야 타오(土屋太鳳)가 연기하는 웨딩플래너가 소개팅 앱에서 만난 스토커로 인해 의문의 사건들에 휘말리는 스릴러로, 2021년 일본 아카데미상 최우수 작품상을 수상한 〈미드나잇 스완〉의 우치다 에이지(内田英治) 감독이 연출을 맡아 누적 관객수 65만 명, 흥행 수익 9억 엔이라는 이례적인 흥행을 기록했다.

출처: 애플
앱스토어
〈tapple〉

매체에서 소개되는 극단적인 위험들은 차치하고라도, 소개팅 앱에서 지속적으로 메시지를 주고받고 답장을 기다리는 것에 피로를 느끼거나 마치 면접과도 같은 1대 1 데이트가 비효율적이라고 느끼는 유저들이 늘고 있는 것도 변화라고 할 수 있다. 그런 흐름 속에서 2024년 연애 시장의 새로운 트렌드로 부상한 것이 '고콘을 매칭해 주는 앱'이다. 2023년 말에 출시된 콘파 이키타이(コンパイキタイ), &LEAGUE, Hanabi 같은 앱이 입소문을 타고 빠르게 유저를 늘리고 있는 상황이다.

기존의 소개팅 앱과 달리 2~5명과 한꺼번에 만나 즐겁게 술자리를 가질 수 있다는 점에서 시성비를 중시하는 젊은 세대들이 관심을 보인 것이다. 더욱이 낯선 이를 1 대 1로 만나는 데이팅 앱에 비해 부담감도 적은데다 크게 허세를 부리지 않고도 좋은 사람을 만날 수 있겠다는 기대감이 드는 것도 인기요인이다.

이런 앱들이 출시되고 유저들이 늘어나고 있는 것은, 어쩌면 코로나19가 불러온 '인만추'(인위적인 만남 추구)에서 '자만추'(자연스러운 만남 추구)로 돌아가기 위한 과정이 아닐까? 각종 매체들은 결혼은 물론 연애조차 안 하는 젊은이들이 증가한다고 난리지만 할 사람은 어떻게든 하고, 될 사람은 어떻게든 되는 법. 연애시장의 규모는 축소될지언정 미혼남녀들의 만남을 응원하는 새로운 앱들이 끊임없이 활기를 불어넣을 것이다.

みそきん
issue.
20
미소킨
Misokin
원조 유튜버가 쏘아 올린
응원 한 그릇
日本
MZ
トレンド
りゅうこう
流行
レポート
カフェー
10F
いい気分
いい香り
Pitch
co.
9F
9F
最強
8F
7F
マッサージ
スーパー
バランス
6F
喫茶店
一品
5F
4F

일본을 대표하는 연반인(연예인+일반인)은 누굴까. 아마도 일본인 열에 아홉은 '히카킨(HIKAKIN)'을 떠올릴 것이다. 유튜브가 일본에서 잘 알려지기도 전인 2006년에 남들보다 한발 앞서 개인 채널을 만든 그는 2010년에 올린 비트박스 영상이 일주일 만에 조회수 100만을 넘는 대박을 터뜨리며 본격적으로 대중들에게 이름을 알리게 되었다. 현재 메인 채널인 'HikakinTV'의 구독자 수는 1,850만 명을 돌파했고, 게임 실황이나 비트박스, 일상 영상 등을 올리는 서브 채널을 포함한 총 5개의 채널을 운영 중이다. K팝 그룹 빅뱅과 같은 해에 데뷔했다고도 할 수 있는 그가 2024년 2월 기준 일본 유튜브 채널 구독자수 순위에서 8위에 올라있는 걸 보면, 얼마나 오랫동안 꾸준히 활동하며 영향력을 발휘해 왔는지 짐작할 수 있다.

남을 깎아내리지 않고 웃음을 선사하는 뛰어난 예능 감각은 물론이거니와 월드컵 거리응원 후 길바닥의 쓰레기를 줍거나 소아 난치병 환자들에게 선물을 보내는 등의 사회 공헌 활동은 히카킨이 높이 평가받는 부분 중 하나다. 코로나19로 사회적 거리두기가 한창이었던 2020년 4월에는 도쿄 도지사인 코이케 유리코(小池百合子)와 온라인 대담을 나누며 젊은이들에게 방역에 협조해 줄 것을 호소했고, 코로나 의료지원 모금도 개설해 본인이 먼저 1억 엔(약 10억 원)을 기부하며 노블레스 오블리주를 실천했다.

유튜브 생태계에서 최강자로 군림하며 성공적인 퍼스널 브랜딩이란 무엇인가를 몸소 보여주고 있는 셈이다. 만약 그가 유튜버가 되지 않았다면 어떤 일을 했을까? 히카킨은 여러 인터뷰에서 한결같이 이렇게 대답해왔다.

"아마도 라멘집을 운영하지 않을까요?"

2023년 4월, 히카킨이 본인의 브랜드 히카킨 프리미엄 (HIKAKIN PREMIUM)의 론칭 소식과 함께 첫 번째 프로젝트로 소개한 상품이 바로 '미소킨'이다. 어릴 때부터 가족들과 외식할 때는 꼭 라멘집을 찾았고 유튜브가 고전하던 힘든 시절에도 라멘을 먹으며 힘을 냈다는 그에게는 '나만의 라멘 만들기'라는 오랜 꿈이 있었다고 한다. 그리하여 구독자가 천만 명을 돌파했을 무렵부터 일본 인스턴트 라면업계 1위인 닛신(日淸)과 협력해 컵라면 프로젝트를 진행했고, 약 1년에 걸쳐 재료부터 패키지에 이르기까지 모든 것을 직접 결정했다.

그가 영상에서 들뜬 모습으로 미소킨 완제품을 먹방하던 순간은, 수많은 시청자가 목도한 일본판 '중꺾마(중요한 건 꺾이지 않는 마음)'의 결실과도 같았다. 라멘은 어떤 수프인지에 따라 맛이 천차만별인 음식인데, 미소킨은 이름에서 짐작할 수 있듯 일본식 된장인 미소(味噌)로 육수를 냈다. 히카킨의 고향인 니이가타(新潟)가 미소라멘을 즐겨먹는 지역이기 때문에 입맛에 크게 영향을 받은 모양이다. 또 한 가지 주목할 점은 패키지 뒷면에 들어간 히카킨의 메시지다.

'제 무명시절을 늘 지탱해 준 것은 라멘이었습니다. 인생이 바뀐 그 날도 라멘을 먹었습니다. 그런 제가 고안한 힘이 나는 한 그릇입니다'

여기서 말하는 '그날'이란 2010년에 대박이 났던 바로 그 비트박스 영상을 촬영한 날이다. 아무리 봐도 외형이 지금과는 딴판이라 어색하기만 한 영상 캡쳐까지 넣어 놨으니, 이 남자 정말로 라멘에 진심이구나 싶다. 오직 유튜브 구독자들에게 보여주기 위해 사비 1,200만엔(약 1억 2,000만 원)을 들여 CF까지 제작한 히카킨의 열정이 통했는지, 미소킨은 편의점에서 판매를 개시하자마자 단 며칠 만에 완판되는 사태가 벌어졌다.

히카킨 본인도 '발매 첫날에 편의점에 갔는데 다 팔리고 없어서 다행이라고 느꼈다'며 자신이 구입하지 못한 걸 흐뭇해했다.

출처: 닛신 홈페이지

SNS에는 제발 미소킨을 더 생산해달라는 요구가 쏟아져 약 3개월 뒤에 추가 물량이 판매되었고 그 또한 순식간에 동났다. 한국에서 먹태깡이 난리였던 동안 일본에서는 미소킨이 난리였다. 그리고 연말에 발표된 'Z세대 트렌드 어워드 2023' 물건 부문에서도 당당히 대상을 차지하며, 맛있는 2023년을 주도했다.

많은 인기 인플루언서들이 소울리스한 팔이피플(대중적인 인지도를 이용해 물건을 파는 사람을 부정적으로 부르는 말)이 되는 요즘이지만, 히카킨은 차원이 달랐다. 본인의 꿈을 이룸과 동시에 대중들에게 맛있는 응원을 보내는 일거양득을 이뤘다. 미소킨은 2024년 5월에 또다시 추가판매가 진행되었다. 지금까지 팔린 미소킨을 다 합하면 후지산 100개 이상을 쌓아올린 높이라고 하는데, 이러다 결국 본인의 이름을 딴 라멘 프렌차이즈를 오픈하는건 아닐까? 아무튼 오늘도 그의 소울이 담긴 한 그릇에 많은 일본인들이 힘을 낼 것이다.

For More Information
소셜미디어: youtube.com/ @HikakinTV

未来の
レモンサワー

issue.
21

미래의
레몬사와

주류업계에 한 획을 그을
괴물 신인

日本　MZ　トレンド　流行　レポート

　일본의 회식자리에서 모두가 '토리아에즈 비이루(とりあえ
ずビール, '일단은 맥주부터 주세요'라는 뜻의 일본 이자카야 국
룰 대사)'로 대동단결을 꾀할 때 나홀로 '레몬사와 쿠다사이…'라
고 말하며 눈치를 살핀 경험이 제법 많이 있다. 증류주와 탄산수
를 섞은 하이볼과 레몬즙이 만나 상큼한 맛을 내는 레몬사와는 생
맥주를 마실 줄 모르는 초딩 입맛이 어떻게든 알콜을 마셔야 하는
분위기에서 제일 만만하게 찾게 되는 존재다.

　그런데 최근 몇 년 전부터 일본 주류시장에서 레몬사와가 새
로운 선택지로 각광 받기 시작했다. '레사와'라는 줄임말까지 생
기고, 레몬사와를 마시는 2~30대 여성, 이른바 '레사와 죠시(レサ
ワ女子)'도 급증하기 시작했다. 이제는 맥주보다 레몬사와를 마시
는 게 힙한 것을 넘어 어색하지 않을 지경이다.

　비타민C, 구연산 등이 풍부한 레몬은 피로회복이나 고혈압 개
선 등에 좋은 과일로 알려져 있다. 슬램덩크를 비롯한 각종 일본
스포츠 만화에 레몬을 꿀에 절인 '하치미츠 레몬(はちみつレモ
ン)'이 자주 나오는 걸 봐도 레몬에 대한 일본인들의 신뢰가 엿보
인다. 최근 들어 식품 안전과 건강한 먹거리에 대한 의식이 나날
이 높아지면서, 식품업계에서는 과자나 빵, 음료, 아이스크림 등에
도 '레몬맛'을 출시해 레몬의 효능을 어필하고 있다.

　그런 흐름 속에서 주류시장 또한 레몬사와를 전면적으로 내세
워 새로운 바람을 일으켰다. 2017년부터는 레몬사와에 특화된 '레

몬사와 페스티벌'이 개최되어 누적 12만명을 동원했고, '타카라 can츄하이 레몬'으로 유명한 회사인 타카라주조(宝酒造)는 '레몬사와로 일본을 활기차게!' 라는 프로젝트를 통해 레몬사와 페스티벌에 특별 협찬을 하며 붐 조성에 앞장서기도 했다.

레몬사와의 인기는 당연히 RTD 시장에도 엄청난 영향을 미쳤다. 2019년 10월에는 무알콜 음료만 만들던 코카콜라마저 132년의 전통을 깨고 일본 최초로 레몬사와 전문 브랜드인 '레몬도(檸檬堂)'를 선보이며 화제를 모았다. 레몬도의 브랜드 매니저인 패트릭 서브스트롬씨는 일본 이자카야를 방문했다가 레몬사와의 인기를 깨달았고, 레몬사와가 전체 RTD 시장을 견인하는 걸 보고 개발에 뛰어들었다고 한다. 레몬도는 출시 후 1년 만에 레몬사와 RTD시장 점유율 1위를 차지했는데, 벌꿀 레몬(도수 3%), 산뜻한 레몬(5%), 소금 레몬(7%), 무설탕 레몬(9%) 등 도수와 레몬과즙의 함량을 세분화하여 소비자들의 취향을 만족시킨 마케팅 전략이 먹힌 듯하다.

레몬사와계에도 혁명이 시작된다

산토리(SUNTORY)가 발표한 RTD 리포트에 따르면 레몬사와는 2020년에 전년대비 133%, 2021년에 전년대비 117% 성장하며 RTD 시장을 견인했고, 그 무렵부터 산토리, 아사히, 기린, 삿포로 등 일본 굴지의 주류기업들의 치열한 '레몬사와 전국시대'가 막을

올렸다. 매년 레몬도 같은 대박 상품이 탄생하는 가운데, 2024년의 주인공은 이미 정해진 분위기다. 그것도 탑티어급 괴물 신인. 닛케이 트렌디가 '2024년 히트 예측 베스트 30'에서 2위로 꼽은 아사히 맥주의 '미래의 레몬사와(未来のレモンサワー)'다.

한때 물량이 없어 맥주 애호가들을 애태웠던 아사히 슈퍼드라이 생맥주 캔이 있다. 이자카야에서만 마실 수 있던 거품 가득한 생맥주를 캔으로 구현한 캔맥주계의 이단아였다. 거품이 나는 핵심 비결은 아사히 맥주가 무려 4년에 걸쳐 개발한 넓고 둥근 '풀오픈' 타입의 뚜껑과 캔 안쪽에 특수 도료를 칠한 요철에 의한 압력. 아사히 맥주는 뚜껑을 따면 거품이 사르륵 올라오는 그 신기술을 응용해 이번에는 레몬사와계의 혁명을 주도할 모양새다.

미래의 레몬사와가 내세우는 게 단순히 거품만은 아니다. 진짜 승부는 거품이 난 후, 약 5mm 정도의 레몬 슬라이스 한 조각이 두둥실 떠오르는 순간이다. 언빌리버블. 이자카야에서만 볼 수 있던 '진짜 레몬이 들어간' 레몬사와를 캔으로 재현한 것이다. 레몬 슬라이스 덕분에 제대로 된 레몬사와를 마시고 있다는 기분이 마

출처:
아사히 맥주
홈페이지

구 들면서 레몬의 상큼함과 특유의 쓴맛까지 느껴진다. 뚜껑을 따서 레몬 슬라이스가 보일 때까지, 그 짧다면 짧은 순간에 텐션이 쫙 올라가는 부가적인 효과도 기대할 수 있다. 분명 다른 RTD 제품이 제공하지 못하는 색다른 즐거움이다.

그런데 사실 아직 많은 사람들이 미래의 레몬사와를 영접해보지 못했다. 2023년 5월, 1,700세트 한정 생산 수량이 온라인으로 테스트 출시되었을 당시 단 2주 만에 완판되었기 때문이다. 하지만 희망이 있다. 2024년 6월 11일, 이번에는 관동 지방을 중심으로 수량 한정 출시를 진행한다. 물론 치열한 쟁탈전이 예상되긴 하지만 그 난리통을 목격한 관계자들이 신나게 온고잉 판매를 결정하지 않을까? 그렇게 되면 미래의 레몬사와가 레몬사와 RTD 시장의 탑티어가 되는 건 불 보듯 뻔하다.

Z세대를 대상으로 한 2023년의 설문조사(주식회사 RECCOO 제공)에 따르면, 이자카야에서 제일 처음 주문하는 알콜 음료는 무엇인가라는 질문에 3위가 '맥주', 2위가 '마시지 않는다', 1위가 '레몬사와' 라는 결과가 나타났다. 이제는 진부한 '토리아에즈 비이루' 대신, '토리아에즈 레몬사와'의 새로운 미래가 다가온다.

일본에는 독특하고 맛있는 젤리가 정말 많다. 특히 일본 여행에서 꼭 사야 하는 쇼핑 필수템이라 불리는 곤약 젤리, 진짜 과일 같은 식감으로 유명한 코로로(コロロ)가 유명하지만 사실 그게 다가 아니다. '젤리가 다 거기서 거기지' 하고 방심하다 보면 어느 날 새로운 식감과 모양, 맛을 내세운 신상젤리가 매대에 걸려있다. 코로나를 겪으면서 껌 시장규모가 축소되고 젤리 시장이 급성장 추세를 나타내며, 2023년 젤리 시장은 972억 엔 규모를 기록했다. 전년 대비 24.1% 증가한 수치다.

그런 가운데, 코로로로 대박을 터뜨렸던 UHA미각당(UHA味覚糖)이 또다시 히트 상품을 탄생시켰다. 이름은 '미즈구미(水グミ)'. 물을 뜻하는 미즈(水)가 크게 쓰여 있는 패키지에서 짐작할 수 있듯 이번엔 물 같은 '투명함'을 추구했다. 편의점에서 처음 한정 출시된 2022년 1월, 당초 예상보다 7배 넘게 팔리는 바람에 품귀현상이 나타났다. SNS에는 '특이한 젤리 발견!', '너무 궁금해서 사봄' 같은 핫한 반응이 쏟아졌다. 인기 유튜버 히카킨(HIKAKIN)은 미즈구미를 16종류의 음료에 절여서 먹어보는 동영상을 제작하기도 했다. 가장 맛있었던 조합 3위는 칼피스(カルピス), 2위는 콜라, 1위는 카키고오리(かき氷, 팥빙수)에 넣는 시럽이라고 한다. 하지만, 이건 뭐랄까... 아무래도 미즈구미의 투명함에서 비롯된 참사가 아닐까 싶다.

미즈구미는 손가락 마디 하나 크기의 투명한 물방울 모양으로,

씹는 맛이 있는 쫀쫀하고 탱글한 식감이다. 처음엔 평범한 포도맛
인데 신기하게도 살짝 화한 느낌의 청량감이 남는다. 끝 맛이 깔
끔하다보니 계속 먹고 싶은 유혹이 있지만 부담은 없다. 포도맛의
경우 40g 용량의 한 봉지 칼로리가 78kcal로 다른 젤리들에 비해
꽤 낮은 편이기 때문이다. 그래서 '먹어도 죄책감이 안 든다'는 이
유로 여성들 사이에서 인기다. 이렇게 칼로리가 낮은 건 패키지에
적힌 '슈퍼 클리어 제조'와 관련이 있어 보인다. 젤리의 주원료인
젤라틴과 설탕은 젤리를 누렇게 만드는 요인인데, 미즈구미는 누
런 색감을 피하기 위해 젤라틴과 곤약 가루를 적절히 섞고, 설탕

대신 맥아당을 사용했다. '투명함'을 구현하기 위해 이래저래 고안한 듯 보인다.

미즈구미가 탄생한 계기는 "음료 시장에서 투명한 과일 맛 생수가 어느 정도 경쟁력을 보였기 때문"이라고 UHA미각당 관계자는 말한다. 최근 각종 생수 브랜드에서 복숭아, 오렌지, 레몬, 요구르트 같은 맛이 느껴지는 생수를 판매하고 있는데, 거기에서 힌트를 얻은 것이다. 알록달록한 색깔이 당연하게 여겨지는 젤리의 고정관념을 뒤엎고, 색을 제거하는 것으로 승부수를 띄웠다. 결과는 완승이다. 무향, 무색, 무취 같은 자극이 없는 제품으로 자신만의 커스터마이징을 즐기는 젊은 세대들의 취향과 기호에 특히 적중했다.

미즈구미는 포도맛을 시작으로 복숭아, 샤인 머스캣, 귤, 소다, 콜라맛이 출시되었고, '미즈'와 비슷한 한자인 얼음 빙(氷)자를 쓴 코오리 구미(氷グミ) 등을 선보이며 시리즈를 늘려가고 있다. 시리즈 누적 판매량은 2023년 말 2,500만 개를 돌파했다. 미즈구미를 '2023년 히트 상품 베스트30' 22위로 꼽은 닛케이 트렌디는 '젤리 붐의 중요한 역할을 담당했다'고 평가했다. 이쯤 되면 한국에도 입소문이 나지 않았나 싶어 찾아보니, 이미 편의점에서 수입 판매 중이다. 역시 빠르다. 미즈구미는 과연 알록달록한 세상 속에서 살아남을 수 있을지, 혹시 관심이 있다면 한번 직접 경험하여 점쳐보시길 바란다.

村上隆
issue.
23
무라카미
타카시
Murakami Takashi
동분서주하는
오타쿠 예술가
カフェー
10F
いい気分
いい香り
Pitch
co.
9F
9F
最強
8F
7F
マッサージ
スーパー
バランス
6F
喫茶店
一品
5F
4F
日本
MZ
トレンド
りゅうこう
流行
レポート

무지개색 해바라기 꽃 캐릭터 슈퍼플랫 플라워(Superflat Flowers)의 작가로 알려진 무라카미 타카시는, 쿠사마 야요이(草間彌生), 나라 요시토모(奈良美智) 등과 더불어 일본 현대 미술계를 대표하는 작가 중 한 명이다. 일본 전통 미술의 평면성과 애니메이션 등의 현대 서브컬처를 접목시킨 슈퍼플랫(Superflat)이라는 개념의 주창자로서 세계 무대에서 활발한 활동을 펼치고 있다. 자신이 '오타쿠'임을 스스럼없이 밝힌 데다 명품 브랜드 루이비통을 비롯해 슈프림(Supreme), 포터(PORTER), 뉴에라(New Era), 심지어 도라에몽(ドラえもん)과 K팝 걸그룹 블랙핑크까지, 힙한 브랜드 및 스타와 협업하며 상업적인 면모를 보여왔기에 여느 미술가들과는 달리 다소 장난스럽고 가벼워 보이는 이미지가 앞선다.

그래서인지 짝퉁이 마구 양산되는 무라카미의 꽃 캐릭터가 사실은 1945년 제2차 세계 대전 당시 히로시마와 나가사키에 투하된 원자폭탄에서 영감을 받아 만들어졌다는 걸 아는 사람은 드물다. 꽃은 웃는 표정이지만, 사실 그 웃음의 이면에는 눈물과 공포, 절망이 숨겨져 있다. 2005년 미국 뉴욕에서 열린 개인전 〈Little Boy〉[1]에서는 히로시마의 버섯 모양 구름(원자운)을 모티브로 인간의 뼈대를 그린 작품을 선보이기도 했는데, 무라카미는 원폭으

---

1 리틀 보이는 1945년 8월 6일, 미군이 일본 히로시마에 투하한 원자폭탄의 코드네임이다. 인류 역사상 처음으로 전쟁에서 사용된 최초의 핵무기이며, 일본에서는 히로시마형 원폭(広島型原爆)이라고도 불린다.

로 인해 일본은 '거세'되었으며 그렇게 거세된 토양이 있었기에 일본 고유의 서브컬처와 오타쿠가 탄생했다는 사상을 가지고 있다. 그런 사람이 가벼운 마음으로 작품 활동을 해왔을 리가 없다. 그를 통해 인간 정신의 복잡성이 예술과 얽히면 다양한 형태로 표현된다는 걸 실감한다.

팝아트의 황제 앤디 워홀(Andy Warhol)이 본인의 작업소를 만들어 일했던 것처럼, 무라카미 또한 1996년에 카이카이키키(カイカイキキ)[2]라는 회사를 설립하고 직접 다양한 아트 비즈니스를 전개하고 있다. 2023년 4월, 나카노브로드웨이(中野ブロードウェイ)에 새로 오픈한 카페 쥰킷사 진가로(純喫茶ジンガロ)도 그중 하나다. 무라카미가 코로나 시기에 발표한 NFT 작품 '무라카미 플라워(Murakami Flowers)'를 뉴트로 감성과 버무린 이색적인 공간이 팬들의 이목을 끌었다. '먹는 예술'을 의식한 메뉴들도 그야말로 예술 그 자체. 여기가 바로 오감을 자극하는 '무라카미 월드'의 새로운 명소임은 두말할 것 없다.

또한 현재 교토 교세라 미술관(京都市京セラ美術館新館)에서는 무라카미의 대규모 개인전 〈무라카미타카시모노노케교토〉[3](村上隆 もののけ 京都)가 열리고 있다. 그가 일본에서 개인전을 여

---

2 설립 초기에는 히로뽕 팩토리(ヒロポン・ファクトリー)라는 이름의 제작 공방이었다. 2001년에 유한회사 카이카이키키로 법인화하고 '아트의 종합상사'를 자칭하고 있다. 카이카이키키라는 이름의 유래는 에도시대 화가 카노 에이토쿠(狩野永德)의 독특한 화풍을 칭하는 '괴괴기기'(恠恠奇奇, 카이카이키키)에서 따온 것. 오피스는 도쿄 모토아자부(元麻布)와 나카노 브로드웨이(中野ブロードウェイ)에 있고, 사이타마(埼玉)의 미요시마치(三芳町)에는 제작 스튜디오가 있다.
3 교토시 미술관 개관 90주년 기념전으로 교토 코세라 미술관(京都市京セラ美術館新館)에서 열리고 있다.

는 건 2015년에 모리미술관에서 개최한 〈무라카미 타카시의 오백나한도〉(村上隆の五百羅漢図) 이후 약 8년 만이다. 도쿄예술대학(東京芸術大学) 일본화과(日本画科)의 제1호 박사학위 취득자로서 에도시대의 화가들에게 큰 영향을 받아온 그가 '가장 일본스러운' 도시, 교토의 풍경과 역사에 정면으로 도전했다. 전시된 작품은 무려 약 170점, 그중 처음 공개되는 신작만 160점에 이른다. 전시회 첫날에는 밤새 대기한 팬들을 포함해 엄청난 오픈런 행렬이 이어졌다.

전시회에서 주목할만한 작품은 무라카미가 가장 고생했다고 밝힌 〈낙중낙외도〉(洛中洛外図 岩佐又兵衛 rip, 2023-24)다. 번영한 교토의 거리 풍경과 약 4,000명의 사람들을 12미터 크기로 그린 이 그림은 일본 교과서에 실린 에도시대의 화가 이와사 마타베(岩佐又兵衛)의 〈낙중낙외도〉(洛中洛外図)를 무라카미 식으로 업

ⓒ이하나

데이트한 것이다. 그림 곳곳에 그의 꽃 캐릭터가 출몰할 뿐만 아니라, 어딘가에 넌자도 숨겨놨다고. 프로젝트팀을 꾸릴 정도로 큰 도전이었던 탓인지 미처 완성되지 못한 부분들도 보이는데, 무라카미는 〈낙중낙외도가 완성되지 못한 것에 대해 변명하는 무라카미 타카시〉라는 작품을 따로 만들었다. 작품이라기보다는 왠지 편지 같은 느낌인데, '지금의 베스트는 이거다' 할 수 있는 정도까진 마무리했다며 위트 있는 태도를 보였다.

이번 전시가 특히 주목받는 이유가 있다. 사실 전시 기획 단계에서 주최 측이 준비한 예산은 무라카미가 제시한 목표액의 반 정도밖에 안 됐다고 한다. 그래서 무라카미는 남은 금액을 스스로 충당하기로 결심하고 후루사토 납세(ふるさと納税) 제도를 이용했다. 후루사토 납세란, 기부라는 형식으로 원하는 지자체의 답례품(주로 특산품)을 구입하면 구입액에 따라 세금을 일정 금액 공

ⓒ이하나

제받는 제도다. 무라카미는 '트레이딩 카드', '클리어 파일' 등을 답례품으로 제작해 크라우드 펀딩의 개념으로 이 제도를 유용하게 활용하며 무려 총 3억 엔의 지원금을 모았고, 예술 문화 산업의 발전을 촉진할 고무적인 첫 사례를 남기게 됐다.

"예술로 세상을 바꿀 수 있다고 생각한다. 200년 동안 세계에 으뜸가는 예술로서 일본이 만들어낸 건 영화와 만화뿐이고, 그림은 거의 없다. 그러한 상황을 학생 때부터 부끄럽게 생각했었다. 우리 세대에서 재정비하고 싶다. 한 장의 그림을 감상하는 행위는 무엇과도 바꾸기 어려운 문화적인 체험. 가진 모든 것을 발휘해 지금까지 축적해 온 예술의 최상의 것을 만들 생각이다."

전시회 개최 전에 열린 기자회견에서 무라카미가 한 말이다. 기쁨과 절망을 아우르는 예술로 세상을 바꾸기 위해 그는 또 어떤 참신한 도전을 우리에게 보여줄까?

無印良品500
issue.
24
무인양품
500
MUJI500
서민들의 삶을 지탱할 결심
혹은 지갑을 더 열겠다는 의지
カフェー
10F
いい気分
いい香り
Pitch
co.
9F
9F
最強
8F
7F
マッサージ
スーパーバランス
6F
喫茶店
一品
5F
4F
日本
MZ
トレンド
りゅうこう
流行
レポート

일본에서 무인양품 제품을 소비하지 않고 생활한다는 것은 여러모로 어려운 혹은 불가능한 일일지 모른다. 무인양품은 1980년에 설립되어 일상생활에 필요한 제품들을 개발, 제조, 유통, 판매하며 40년 넘게 일본 사람들의 삶에 자연스레 스며들었다. 생활 소모품부터 식품, 의류, 가구, 가전, 심지어 주택까지 약 7,000개가 넘는 아이템을 갖추고 있기 때문에 무인양품 제품만으로도 모든 생활이 가능할 정도다.

일본에서는 무인양품을 사랑하는 매니아들을 가리켜 '무지러(ムジラー, mujirer)'라고 하는데, 각종 매체나 SNS, 유튜브에서 무인양품 제품만 다루는 무지러들을 쉽게 찾아볼 수 있다. 본질에 충실한 미니멀한 디자인과 좋은 품질, 그리고 합리적인 가격(당연히 한국보다 훨씬 더 저렴하다)은 싼 맛에 사는 다이소(ダイソー)나 좀 더 가성비를 우선시하는 니토리(ニトリ)와는 확연하게 차별되는 무인양품만의 매력이자 아이덴티티다.

그런 무인양품이 약 1년 반 전부터 새로운 형태의 점포를 선보이기 시작했다. '원코인'으로 통하는 500엔(약 5,000원) 이하의 생활 필수품을 전문적으로 취급하는 '무인양품500'이다. 2022년 9월, JR미타카역 내에 있는 아트레비 미타카(アトレヴィ三鷹-atre-) 4층에 1호점이 오픈한 뒤 2024년 5월 현재 도쿄에만 총 12곳이 생겼다. 개인적으로도 2023년 어느 날 자주 찾던 무인양품이 무인양품500으로 리뉴얼 오픈해 무척 반가웠던 기억이 있

다. 500엔 이하 상품의 비율이 전체의 70%를 차지하는 무인양품 500은 시민들의 생활권인 전철역과 가까운 곳에 점포를 늘려갈 계획이라고 한다. 한 달에 한 번 정도 무인양품을 방문했던 고객들이 일주일에 한 번씩 발걸음 할 수 있도록, 지역밀착형 점포로서 소비자들의 일상과 함께하는 것이 무인양품 500의 콘셉트다.

무인양품500 매장 입구에는 시그니처라고 할 수 있는 거대한 디스플레이가 존재한다. '500엔 이하의 상품을 중심으로 한 일용품점'이라고 쓰인 커다란 나무판에 100엔, 200엔, 300엔, 400엔을 나타내는 심플한 아이콘과 함께 그 가격대에 맞는 제품들이 붙어있다. 무인양품의 디자인 철학과 자신감이 고스란히 느껴지는 부분이다. 다른 생활용품 브랜드가 같은 방법으로 디스플레이를 했다면 분명 현란하면서도 난잡해 보였겠지만 무인양품답게 모든 제품이 조화롭게 어우러져 미적으로도 그럴싸하다. 상품 진열

©이하나

대에도 문구나 스킨케어, 주방, 욕실용품 같은 아이템이 가격대에
맞춰 옹기종기 모여 있다.

그런데 솔직히 고백하자면, 처음 진열대를 바라봤을 때는 혼돈
그 자체였다. 그동안은 주방용품, 문구, 화장품 같은 카테고리로
각자의 구역에 있던 제품들이 오로지 같은 가격대라는 이유로 한
데 모여 있으니, 특히나 자잘한 아이템을 찾으려면 눈을 크게 뜨
고 진열대를 꼼꼼히 훑어봐야 했기 때문이다. 직원에게 제품이 어
디 있는지 묻는 고객이 평소보다 많아 보였던 건 결코 기분 탓이
아니었으리라.

그럼에도 불구하고 수고로움을 기꺼이 감수하는 이유는 역
시 가격이다. 역대급 엔저로 인해 2023년 일본의 소비자 물가 지
수는 41년 만에 가장 큰 폭인 3.1% 상승했고, 특히 식품 물가는
전년 대비 8.2% 급등했다. 무려 195개의 주요 식품 회사가 3만

©이하나

2,396개 상품의 가격을 인상했다는 통계도 나왔다. 그래서 작심하고 허리띠를 졸라 맨 서민들은 싼 가격에 목숨을 건다. 100엔숍 같은 저가 일용품 매장의 인기가 나날이 높아지는 가운데, 명품 브랜드의 거리로 위상을 떨치던 긴자(銀座)에도 다이소를 비롯한 각종 100엔숍이 들어섰다.

이러한 현실을 직시한 무인양품도 좋은 품질은 유지하되 공정 과정이나 포장의 간략화를 통해 가격을 낮추는 전략으로 저가 경쟁에 뛰어든 결과가 바로 무인양품500이다. 소비자의 입장에서는 두 팔 벌려 환영하지 않을 수 없다. 무인양품500은 무인양품이 설립 당시부터 지켜온 '소재의 선택', '생산 과정의 간소화', '포장의 간략화'라는 세 가지 기본 원칙에 더해 '성실한 품질과 윤리적인 의미를 가진, 생활에 필요한 기본 상품과 서비스를 누구나 이용하기 쉬운 가격으로 만드는 것'을 사명(使命)으로 내걸었다. 서민들의 일상생활을 지탱할 결심, 정도로 해석하면 되지 않을까. 앞으로도 500엔 이하의 아이템을 계속 늘려나갈 계획이라고 하니 더욱 눈을 크게 뜨고 지켜봐야 할 것 같다.

生コッペパン

issue. 25

나마 콧페빵

국민 빵의
파격적인 이미지 변신

| 日本 | MZ | トレンド | 流行 | レポート |

세븐일레븐, 로손과 함께 일본 3대 편의점 중 하나인 패밀리마트가 단단히 사고를 쳤다. 긴 핫도그 빵을 반으로 갈라 잼이나 팥앙금, 야키소바 같은 걸 넣은 일본 국민 빵, '콧페빵'의 개념을 바꿔버린 것이다. 덕분에 콧페빵은 인생 아니 빵생 2회차에 돌입한 상황이다.

자고로 콧페빵은 퍼석퍼석함의 상징이었다. 쌀이 귀하던 1950년대부터 일본 초등학교 급식의 단골 메뉴였으니 너도 알고 나도 아는 맛이지만, 호불호가 갈린다. 많은 일본인들에게 목이 메는 추억을 안겨준, 말하자면 건빵 같은 존재다. 그럼에도 불구하고 일본 콘텐츠에 자주 나오기 때문에 호기심을 자극당하는 외국인이 많다. 나처럼 호기심에 못 이겨 구입한 콧페빵을 씹으며 퍼석함을 맛보는 것도 나쁘지 않지만 이제 굳이 그럴 필요가 없게 됐다. 패밀리마트의 '나마콧페빵' 시리즈가 있으니까.

2023년 2월 28일에 출시된 후, 단 3일 만에 110만 개가 팔렸다. 1초에 4개꼴이다. 약 1년 동안의 누적 판매량은 무려 1억 2,000만개. 그간 패밀리마트에서 인기였던 '패미마 더 빵' 시리즈 3종이 2년간 1억 개가 팔린 것과 비교하면 더욱 놀라운 엄청난 기세다. 2023년 한 해 패밀리마트가 매월 일 매출, 방문 고객수, 객단가 등 모든 지표에서 전년에 비해 증가세를 보인 데는 나마콧페빵 시리즈가 크게 공헌했다. 대체 콧페빵에 무슨 짓을 했길래 이렇게까지 팔린 걸까?

　비결은 다름아닌 '나마(生)'에 있다. 독자적인 제조법으로 빵 반죽에 생크림을 더해, 촉촉하고 쫄깃한 식감을 구현한 것이다. 또한 소자이 빵(惣菜パン, 반찬 빵. 식사 대용으로 먹을 수 있는 빵)과 카시 빵(菓子パン, 과자 빵. 디저트로 먹는 빵)에 각각 다른 레시피의 빵을 사용해 안에 넣는 재료와의 궁합을 맞췄고, 카시 빵의 경우 빵이 속 재료와 같은 속도로 입 안에서 녹을 수 있도록 설계해 최종적으로 퍼석한 빵만 씹어 삼키는 일이 없도록 했다.

　그래서 '콧페빵=퍼석함'이 국룰이라 여겨왔던 일본인들은 나마콧페빵을 먹고 신선한 충격을 받았다. SNS, 유튜브의 먹방계도 잇템의 등장에 들썩거렸다. 각종 매체나 전문가들은 나마콧페빵이 히트한 이유에 대해 '콧페빵의 이미지 쇄신'을 우선으로 꼽는다. 법고창신(法古創新)이라고 했던가. 옛 것을 토대로 새로운 것을 창조했더니, 대박이 찾아왔다.

©이하나

나마콧페빵 시리즈는 처음 출시 당시 '타마고'(스크램블 에그)와 '앙(팥 앙금)&버터 휩'의 두 종류를 론칭한데 이어 계속해서 라인업을 늘려왔다. 딸기잼&마가린, 햄 카츠&포테토, 블루베리 잼&치즈크림, 더블 커스터드, 야키소바, 고로케&타마고, 더블 피넛 등, 어느덧 10종류가 넘는다. 2024년 2월에는 '나마 크로와상(生クロワッサン)', '시로나마 콧페빵(白生コッペパン)' 등 빵에 변주를 준 새로운 라인업도 추가되었다. 이렇게 자신 있게 제품군을 늘리는 데는 저렴한 가격이 한몫했다. 나마콧페빵 시리즈는 138~185엔 정도로 어떤 제품도 200엔을 넘지 않는다. 한번 먹어보고 만족한 사람이라면, 신제품이 나올 때마다 또 손이 갈만한 가격이다.

패밀리마트의 고객층은 과반수가 남성이고, 그중에서도 4050의 비율이 높다고 한다. 그래서 여성과 젊은 고객층을 확보하는 것이 시급한 과제였다. 무엇보다 이름에 '패밀리'가 들어간 만큼,

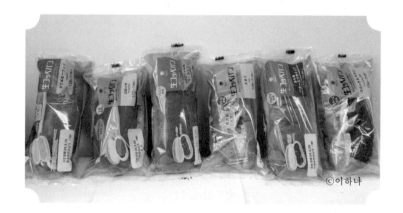

ⓒ이하나

사회적으로 문제시 되고 있는 세대 간의 소통 단절도 해결하고 싶었다고 한다. 그러한 의의가 담긴 나마콧페빵의 CF에는 배우 요시다 코타로(吉田鋼太郎)와 야기 리카코(八木莉可子)가 등장한다. 기성 세대인 65세 남성과 MZ세대인 22세 여성이 나란히 앉아 나마콧페빵을 먹는 것이다. "나마? 그래봤자 콧페빵 아니야?" 하며 코웃음을 짓고 한입 베어 물면, 쫄깃하고 촉촉한 식감에 깜놀. 추억 돋는 콧페빵의 새로운 변신에 두 사람 모두 황홀한 표정을 짓는다. 그리고 이런 문구가 나온다. '오랜만인데 새롭다(懷かしいのに新しい)'. 바로 패밀리마트가 그토록 찾던 돌파구다.

K팝 걸그룹 뉴진스의 일본 첫 무대는 2022년 10월 도쿄 아리 아케 아레나에서 열린 KCON 2022 JAPAN DAY2였다. 한국에서 제일 잘 나간다고 소문난 걸그룹이 일본에 온다는 소식이 전해지 자마자 SNS는 들썩였고, 치열한 경쟁률을 뚫고 티켓팅에 성공한 약 1만 5,000명의 K팝 팬들은 데뷔곡 'Attention'과 'Hype Boy'를 선보인 다섯 멤버들에게 열광했다.

철저하게 계산된 K팝 아이돌 특유의 완벽하고 멋진 칼군무가 아닌, 10대 소녀들이 자유롭게 춤추고 노래하며 즐거운 분위기를 풍기는(물론 그 또한 철저히 전략적으로 계산된 것이지만) 뉴진 스의 모습은 K팝 팬뿐만 아니라 많은 일본인들에게 매력적으로 비쳤다. 기성세대들은 1990년대를 풍미한 SPEED[1]를 떠올리며 향 수를 느꼈고, Z세대들은 실력과 외모를 갖춘 또래 멤버들이 무대 위에서 빛나는 모습에 마음을 빼앗겼다.

뉴진스는 한국에서 그랬듯 일본에서도 빠르게 인지도를 넓혔 다. 특히 요아소비(YOASOBI), 후지이 카제(藤井風), 미키토P(み きとP)처럼 같은 업계에 있는 인기 아티스트들이 요즘 뉴진스에 푹 빠져 있다고 밝힌 것이 유효했다. 2022년 12월 19일에 선공개 된 'Ditto'는 해외 여성 아티스트로서 최단기록인 발매 19주 만에 오리콘 차트 1억 스트리밍을 달성했고, 2023년 1월 2일에 공개돼

---

1 1995년에 데뷔하여 2000년까지 활동한 일본의 4인조 걸그룹. 뛰어난 댄스 실력과 가창력으로 20세기말을 풍미 했다.

싱글 1집 〈OMG〉는 오리콘 주간 싱글 랭킹에서 첫 등장 1위를 기록하는 등 인기는 각종 음악차트에서 고스란히 드러났다.

당연히 뉴진스가 일본을 찾는 횟수도 늘었다. 2023년 3월에는 제36회 마이나비 도쿄 걸스 컬렉션 2023 SPRING/SUMMER에 출연해 'Hype Boy', 'Ditto', 'OMG' 세 곡으로 무대를 펼쳤고, 4월에는 무신사 도쿄 팝업스토어의 오픈 기념 이벤트에 참가해 하라주쿠(原宿)를 뜨겁게 달궜다. 8월에 개최된 대형 록·팝 뮤직 페스티벌 SUMMER SONIC 2023에도 출연해 약 40분간 총 11곡을 선보이며 3만 명의 관객과 여름을 불태웠다. 뉴진스의 폭발적인 위력을 확인한 각종 매체들은 뉴진스가 히트한 비결과 전략, K-POP 업계에 미친 영향과 변화 등을 분석하기 바빴다. 뉴진스는 남성 패션 매거진 「POPEYE」(뽀빠이)의 첫 스페셜 에디션(2023년 7월

©이하나

호) 표지에도 등장했다. K팝 아티스트가 뽀빠이의 표지를 장식한 건 처음 있는 일이라 큰 화제를 모았다.

이제 뉴진스는 일본에서도 '힙'함의 상징이다. 주변에 있는 20대 친구에게 들은 바로는, 뉴진스를 잘 몰라도 일단 '좋아한다고 말해두면' 힙한 사람이라는 인증이 될 정도다. 그것과 같은 맥락에서 '뉴진스 오지상'(NewJeansおじさん)이라는 신조어까지 생겼다. 여태껏 K팝에 관심이 없었지만 뉴진스만큼은 예외로 취급해 팬이 된 중년 남성들이 스스로를 칭하는 말로, 그 수가 급증하며 사회현상으로까지 번졌다.

사실 뉴진스 오지상들은 기존의 K팝 팬이나 Z세대의 입장에서는 다소 혐오스러운 존재다. 뉴진스의 음악성을 K팝과는 별개의 특별한 것으로 취급하는 편협한 태도와 뉴진스를 이용해 유행에 편승하고자 하는 속셈이 빤히 보이기 때문이다. 어쩌면 뉴진스 팬덤 안에서도 세대 차이로 인한 갈등이 있을지는 모르지만, 아무튼 그 많은 K팝 걸그룹들에게 꿈쩍도 않던 중년남성들까지 사로잡은 뉴진스의 영향력은 대단하다고 할 수밖에 없다.

2023년 연말에는 일본에서 정식 데뷔를 하지 않았음에도 불구하고 상당히 의미 있는 성과를 거뒀다. 유명 대중음악 시상식인 제65회 일본 레코드 대상에서 우수작품상(Ditto)과 특별상(ETA)의 2관왕에 오르고 대상 후보 아티스트 중 유일하게 3곡이나 공연을 선보이는 파격 대우를 받았다. 그리고 제74회 NHK 홍백가합전에도 출연해 'OMG', 'ETA', 'Ditto'의 스페셜 메들리를 선보이며 일본인들의 눈과 귀를 사로잡았다. 2024년 6월에는 팬들이 기다려 마지않던 일본 정식 데뷔를 앞두고 있다. 데뷔와 함께 두 번째 팬미팅 〈Bunnies Camp 2024 Tokyo Dome〉을 개최해 해외 아티스트로서 데뷔 후 최단기간(1년 11개월)에 도쿄돔에 입성한다. 정말 헷갈릴 것도 없이 분명한 건, 2024년에 일본이 가장 주목하는 K팝 걸그룹은 뉴진스라는 사실이다.

For More Information

웹사이트: www.newjeans.jp

소셜미디어: instagram.com/newjeans_official

推しの子

issue. 27

최애의 아이

세계를 사로잡은
일본 애니메이션의 저력

| 日本 | MZ | トレンド | 流行 | レポート |

시골 종합병원에서 산부인과 전문의로 일하던 아마미야 고로는 'B코마치'라는 아이돌 그룹의 센터, '아이'의 열렬한 덕후다. 그런데 어느 날, 아이가 건강상의 이유로 활동을 그만둔다는 청천벽력 같은 소식이 들려왔다. 실의에 빠졌다가 겨우 정신을 차린 고로는 쌍둥이를 임신한 16세 임산부를 담당하게 되는데, 놀랍게도 그녀의 정체는 아이였다.

최애를 영접한 기쁨도 찰나, 그녀가 임신했다는 사실에 토할 것 같은 충격을 받은 고로. 그러나 출산은 포기할 수 없으며 공표하지 않고 계속 아이돌 활동을 하겠다는 아이의 결심에 감격한 그는 의사이자 덕후로서 그녀의 행복을 위해 적극 협조한다. 그런데 아이의 출산이 시작되기 직전, '아이의 담당 의사냐'고 묻는 수상한 남자와 추격전을 벌이던 고로는 어두운 산속에서 급습을 당해 절벽 아래로 추락하게 되는데… 눈을 떠 보니 신생아가 되어버렸다?!

위 내용은 아카사카 아카(스토리)와 요코야리 멩고(작화)가 의기투합해 2020년 4월부터 슈에이샤의 「주간 영 점프」에서 연재 중인 〈최애의 아이〉(推しの子)의 초반 개요다. '다음에 올 만화대상 2021' 코믹스 부문 1위를 비롯해 각종 만화 랭킹 1위를 석권하며 대히트를 기록한 이 작품은 스토커, 악플, 부조리 등 일본 연예계의 이면을 리얼하게 그려내 엄청난 반향을 일으켰다.

예측 불가능한 스토리 전개, 섬세한 심리묘사, 매력적인 캐릭터. 성공하는 콘텐츠의 요소를 갖춘 이 작품의 인기에 불을 붙인 건 다름 아닌 2023년 4~6월에 TOKYO MX에서 방송된 애니메이션이었다. 원작 내용을 성실히 쫓아가는 건 물론이고 화려한 영상과 센스 있는 음악까지 더해지니 시청자들이 빠져들 수밖에. 특히 주인공 고로가 환생하고 아이가 죽음을 맞이할 때까지의 기본 배경을 그린 원작 단행본 1권을 통 크게 90분 분량으로 제작한 첫화는 방송 직후 SNS에서 폭발적인 반응을 불러일으켰다.

최애의 아이는 일본 내 공개 플랫폼인 아베마(ABEMA)의 애니메이션 채널에서 공개된 작품 중 역대 최다 시청자 수를 기록했고, 넷플릭스에서도 늘 상위권에 머무르는 등 화제를 넘어 그야말

출처: 〈최애의 아이〉 TV 애니메이션 홈페이지

로 난리였다. 애니메이션의 인기에 힘입어 원작 단행본 판매도 급증했다. 애니메이션 방송 직전인 3월에는 450만 부였던 누적 발행부수가 6월에 900만 부, 11월에는 1,500만 부를 돌파하며 약 8개월 동안 세 배 이상 증가한 것이다.

'2023년 히트 상품 베스트 30'에서 최애의 아이를 12위로 선정한 닛케이 트렌디는 작품의 매력 포인트로 다음 세 가지를 꼽았다. 주인공이 최애 아이돌의 자식으로 환생한다는 참신한 설정, 스토커에게 살해 당한 최애의 복수를 위해 주인공이 연예계의 어둠에 발을 담그는 다크 요소, 리얼하게 묘사된 연예계 뒷이야기. 컬러풀한 작화와 제목만 보고서 실패와 좌절을 딛고 무대 위에서 빛나는 아이돌의 이야기를 상상한 사람에게 처음부터 대반전을 선사하고, 주인공이 치밀하게 준비한 복수극에 빠져들게 하며, 연예인들이 카메라가 꺼진 뒤에는 어떤 모습인지 엿볼 수 있다는 말이다.

원작자인 아카사카 아카와 요코야리 멩고는 만화가로서는 드물게 많은 연예인 친구를 둔 덕분에 들은 내용을 100% 그대로 사용하지 못할 정도의 리얼한 속 사정을 알 수 있었다고 한다. 특히 연애 리얼리티편에서 그려진 악플 사건은 〈테라스 하우스: 도쿄 2019-2020〉에 출연한 뒤 악성 댓글에 시달리다 극단적인 선택을 한 기무라 하나를 연상시킬 정도로 사실적이었다. 사람들을 즐겁게 해주는 누군가의 '최애'도 인간인지라 늘 반짝반짝 빛나지는 않는다는 당연한 사실이 뼈아프게 다가온다.

　작품 자체의 매력은 물론이고 요아소비의 ⟨Idol⟩이 인기에 기여했다는 점 또한 빼놓을 수 없다. 잘 짜인 협업을 통해 탄생한 애니메이션의 오프닝 곡 ⟨Idol⟩은, 요아소비의 팬은 물론 애니메이션을 보지 않는 사람들까지도 작품에 흥미를 갖게 했다. 애니메이션의 히라마키 다이스케 감독도 「닛케이 엔터테인먼트!」와의 인터뷰를 통해 'Idol을 음악으로 먼저 접한 뒤 애니메이션을 봐주시는 분도 많다는 걸 느낀다'면서 '작품의 얼굴'을 담당해준 요아소비에게 감사를 표했을 정도다.

　1기 방송 후, 최애의 아이는 메이지, 시마무라, SUUMO, 마리온 크레페, 츠키지 긴타코 등 각종 기업과 콜라보를 실시했고, 2023년 6월부터 2024년 1월까지는 '거짓말과 아이', 2024년 2월부터는 '최애의 무대 뒤'라는 타이틀의 대규모 전국 순회 전시회도 개최했다. 2024년에는 애니메이션 2기와 더불어 아마존(Amazon)과 일본 4대 영화 배급사 중 하나인 토에이(東映)가 공동 제작하는 실사 영화 및 TV시리즈도 공개될 예정이다. 일본 애니메이션의 저력을 세계에 보여준 최애의 아이의 다음 스텝이 성큼성큼 다가오고 있다.

大谷翔平

いい気分
いい香り

**Pitch
co.**

9F

9F

最強

8F

7F

マッサージ
スーパー
バランス

6F

喫茶店
一品

5F

4F

issue.
28
➡

오타니
쇼헤이

Ohtani Shohei

한미일이 모두
주목하고 열광하는 '갓생러'

| 日本 | MZ | トレンド | 流行 | レポート |

2023년, 메이저리그(MLB)의 명문 구단 LA다저스와 10년 7억 달러라는 세계 스포츠 사상 최대 규모의 계약을 성사시킨 오타니 쇼헤이. 일본에서 '1,000억 엔의 사나이'(한국은 '1조 원의 사나이')라는 새로운 수식어를 얻은 그가 2024년 2월 29일, 농구 선수 출신인 다나카 마미코(田中真美子, 공식적으로 아내가 공개된 건 3월 15일)와 전격 결혼을 발표했다.

주간지 「여성자신」의 설문조사에서 무려 40주 연속 '관심 있는 유명인' 부문 1위를 차지할 정도로 여성팬은 물론 대중의 관심을 한몸에 받는 선수인 만큼, 그날은 어딜 가나 오타니의 이름이 들려왔고 각 방송사는 정규 방송을 일시 중단하면서까지 긴급 속보를 전했다. 결혼을 발표한 이유를 묻는 취재진을 향해 "여러분들이 시끄러우니까요. (결혼을) 안 하면 안 한다고 또 시끄럽고"라고 웃어 보인 오타니지만, 어디 결혼뿐이겠는가. 그는 예전부터 뭔가를 하기만 하면 세상을 시끌시끌하게 만드는 재주가 있었다.

일본프로야구 사상 최초로 투타를 겸하는 '이도류(二刀流)'에 도전하고, 프로 2년 차였던 2014년에 두 자릿수 승, 두 자릿수 홈런이라는 진기록을 세웠다. 2016년에는 투수 및 지명타자로서 시즌 베스트 9에 선정돼 퍼시픽리그 MVP에 올랐다. MLB의 문을 두드려 LA 에인절스에서 미국 생활을 시작한 후에는 신인왕(2018년)과 시즌 MVP(2021년)도 수상했다. 그렇게 '일본의 자랑'이 된 오타니는 수시로 일본 스포츠 잡지의 표지를 장식하고, 시즌이 끝나 일본에 돌아올 때마다 연례행사처럼 기자회견을 연다.

그런 오타니가 진정한 국민적 영웅으로 거듭난 건 2023년 3월에 열린 월드베이스볼클래식(WBC) 대회였다. 특히 이탈리아와의 8강전에서 투수로서는 최고 시속 164km의 강속구를 구사하며 쾌투했고, 타자로서는 환상적인 기습번트 안타를 보여주며 일본 대표팀의 세 번째 우승에 기여했다. 팀의 승리 앞에선 '자존심 따위 없다'는 명언까지 남겼으니, 이보다 완벽한 야구선수가 세상에 또 있을까? 그 해 MLB에서도 44홈런을 때리며 일본인 타자 최초로 메이저리그 홈런왕에 등극한 오타니는 말 그대로 살아있는 전설이다. 이제 일본은 각 방송사의 모닝쇼에서 '속보 오타니상'(후지 TV「메자마시 테레비」), '오늘의 오타니 씨'(TBS「N스타」), '오늘의 SHOTIME17'(테레비 아사히「슈퍼J」) 같은 특별 코너를 편성

해 오타니의 소식을 전한다. 마치 매일 아침 꼭 챙겨 봐야 할 일기 예보처럼 오타니의 날씨를 체크하는 것이다.

예전에 온갖 CF에 출연했던 배우 이영애를 소재로 한 '이영애의 하루'라는 유머가 있었다. 오타니 또한 '오타니의 하루'가 뚝딱 완성된다. 심지어 24시간이 모자랄 정도다. 스포츠 브랜드(뉴발란스, 데상트), 침구(에어웨이브), 화장품(코세), 시계(세이코), 편의점(로손), 항공(JAL), 은행(미쓰비시UFJ), 제약(다이쇼제약), 인력 파견 서비스(dip), 온라인 게임(코나미), 스포츠 음료(일본 코카콜라), 건강보조식품(메이지 유업), 주택제조업(오픈하우스)와 식품(닛폰햄), 영어회화(체인 ECC) 등등.

여기에다 포르쉐, 휴고 보스 등 앰배서더로 활동하고 있는 글로벌 기업 스폰서를 포함하면 약 20개 정도 기업, 제품의 광고모델로 활동 중이다. 광고 수입은 연간 5,000만 달러로 추측된다. 오타니는 WBC를 함께 치른 외야수 라스 눗바에게 세이코의 고급 손목시계를 선물하고, 다저스로 이적한 후 등번호(17)을 양보한 투수 조 켈리의 아내 애슐리에게 포르쉐를 선물하는 통 큰 행보로 화제를 모았는데, 덕분에 각 기업들은 연신 즐거운 비명을 질렀다. 결혼 발표 당시에는 오타니 쇼헤이와는 아무 연관도 없는 일본의 지방 기업 '오타니 공업'의 주가가 급등하는 해프닝까지 벌어졌다.

때때로 기업과 주식시장을 들썩이게 만들지만, 오타니의 본업은 야구다. '영원한 야구 애송이', '야구밖에 모르는 바보'를 자처하는 그가 결혼을 발표한 것도 야구에 집중하기 위해서다. 쉬는 날에도 하루 6시간씩 훈련, 외식은 3개월 동안 고작 네 번, 컨디션 관리를 위해 시즌 중에도 하루 평균 10~12시간씩 수면을 취한다는 철저한 자기관리는 이미 유명한 이야기다. 게다가 '다른 사람이 버린 행운을 줍는다'는 마음으로 그라운드의 쓰레기를 줍는 인성까지 갖췄으니, 소위 말하는 '갓생'의 표본이라고 해도 과언이 아니다.

심지어 그는 모든 일본 국민들이 분노와 충격을 감추지 못한 통역사 미즈하라 잇페이(水原一平)의 범행에도 동요하는 모습을 보이지 않았다. 범행이 발각된 후 "딱히 생각하지 않는다. 야구장 안에서 100% 표현하는 게 내 일"이라며 미즈하라 용의자에 대해 불만이나 원망을 일절 드러내지 않은 것이다.

애당초 미즈하라는 평범한 통역에 불과했다. 일식 요리사였던 아버지를 따라 6살에 미국 LA로 건너가 현지에서 고등학교를 졸업하고 우연한 계기로 일본인 메이저리거들의 통역일을 시작했다. 2013년부터 일본프로야구 홋카이도 닛폰햄 파이터스의 구단 통역사로 일하며 오타니를 알게 되었고, 오타니가 미국으로 건너간 2017년부터 오타니의 전속 통역사로 활동했다.

단순히 통역뿐만 아니라 때로는 운전을 맡거나 연습을 돕기도 했고, 오타니가 홈런 더비에 출전한 2021년 MLB 올스타전에서는 포수 역할까지 맡았다. 언어의 장벽과 자존심 때문에 일본인 메이저리거의 상당수가 고립되는 일도 있는 가운데, 미즈하라는 오타니와 팀 동료들의 중개역을 담당하며 LA 에인절스 구단으로부터 MVI(최우수 통역)으로 뽑히기도 했다.

그런 헌신적인 모습이 일본 국민들의 호감을 산 것은 당연한 일이었다. 오타니 역시 "항상 신세를 지고 있고, 뭐든 함께 한다"며 평소 미즈하라에 대한 신뢰와 감사를 적극적으로 표현했을 뿐만 아니라 미즈하라의 신혼여행 비용을 전부 부담하기도 했다. 매체들은 미즈하라에 대해 '오타니를 지탱하는 만능 통역', '통역사를 넘어 파트너 같은 존재'라고 칭찬을 쏟아냈고, 국민영웅 오타니의 곁을 지키는 국민통역사 '잇페이상'으로 대중적인 인기를 얻었다.

그 '잇페이상'이 알고 보니 불법 도박의 늪에 빠져 오타니의 계좌에서 1,600만 달러 이상의 돈을 빼돌렸다는 사실은 일본 열도를 충격에 빠뜨렸다. '레이와 시대(令和, 2019년 5월 1일부터 시작된 일본의 현행 연호) 최악의 배신자', '국민영웅의 최측근이면서 스스로 파멸의 길을 택한 남자' 등 따가운 비난의 목소리가 끊임없이 쏟아졌다.

그런데도 정작 금전적 피해를 본 당사자인 오타니로 말할 것 같으면, 미즈하라를 공식적으로 비난한 적이 없다. 2024년 4월 미국 사법당국이 미즈하라 용의자를 은행 사기 혐의 등으로 기소했을 당시에도 '절친한 친구를 잃은 지금 심정은 어떤가'라는 질문에 다음과 같이 대답했다.

"친구를 잃었다는 감정 이상으로, 구단에서나 팀 동료 등 많은 분들이 이번 일에 도움을 주고 있다. 오히려 그 부분에 감사함을 느끼는 부분이 크다."

자기를 크게 배신한 사람에 대한 불만이나 실망감을 나타내기보다 도움을 주는 동료와 팀에 대한 감사에 포커스를 맞출 수 있는 보살 같은 운동선수가 몇 명이나 될까? 이런 영화 같은 사건조차 오타니가 더욱 매력적인 스포츠 영웅이 되는 데 필요한 요소가 아니었을까 싶은 착각이 들 정도다.

오타니는 고등학교 3학년 때 8개 구단 드래프트 1순위 지명을 목표로 그 유명한 만다라트(목적 달성을 위한 기술) 시트를 작성했다. 또한 '후회 없는 인생'을 살기 위해 노후까지 이뤄야 할 목표를 나이별로 꼼꼼하게 설계해둔 파워 J 유형이다. 그 인생 설계 시트에 적혀 있는 '메이저리그 입단', '메이저리그에서 연봉 15억 엔', '메이저리그 선발 로테이션', 'WBC 일본대표', 'WBC 일본 대표팀 우승 및 MVP' 등은 몇 년 늦긴 했지만 모두 달성했다.

아직 이루지 못한 목표는 26세에 이뤘어야 할 '월드시리즈 우승' 등이 있다. 오타니가 FA 권리를 행사해 LA다저스로 이적한 것은 누가 봐도 이 목표를 달성하기 위한 것이다. 같은 26세의 목표였던 결혼은 3년 늦게 실행해 결혼반지를 꼈으니, 이제 우승 반지를 낄 날도 곧 찾아오지 않을까? 지금과 같은 '갓생'을 산다면 38세에 성적 부진으로 은퇴를 생각하기 시작하고, 40세에 MLB에서 노히트 노런 은퇴 경기를 치른 다음 41세에 일본에 돌아오겠다는 목표도 결국 실현해낼 듯한 예감이 든다. 아니, 어쩌면 45세까지 현역으로 활동하고 은퇴한 스즈키 이치로(鈴木一朗)보다 더 오랫동안 활약하며 명예의 전당에 입성할지도 모르겠다.

For More Information
소셜미디어: instagram.com/shoheiohtani

왜 이렇게 대충 만들었을까? 빤쮸토끼를 봤을 때의 솔직한 첫 인상이다. 기저귀 같은 흰 팬티만 입은 이 핑크색 토끼는 같은 토끼 캐릭터인 마이멜로디, 쿠로미와 달리 누가 봐도 가내수공업으로 빚어진 B급 감성 아닌가. 그런데 신기하게도 MZ세대들이 그 감성에 제대로 꽂혔다.

한때 MZ세대들 사이에서는 '아자토이(あざとい, 여우같다)'와 '카와이(かわいい, 귀엽다)'를 합친 '아자토카와이(あざとかわいい)'라는 말이 유행했다. 이른바 여우짓을 해도 귀엽고 예쁘다는 말이다. 하지만 요즘 대세는 '후빈카와이(不憫かわいい)'다. 후빈(不憫)은 딱하고 가엾다는 뜻이므로 후빈카와이는 '불쌍해서 귀엽다' 정도로 해석할 수 있는데, 빤쮸토끼가 바로 그 후빈카와이를 상징하는 대표적인 캐릭터다.

빤쮸토끼를 이해하기 위해서는 우선 작가에 대해 조금 알아볼 필요가 있다. 빤쮸토끼를 탄생시킨 사람은 '카와이소니!(可哀想に!)'라는 이름으로 활동 중인 일러스트레이터 겸 애니메이터로, 100만 명이 넘는 구독자를 보유한 인기 유튜버이기도 하다. 유튜브에 쇼트 애니메이션을 업로드 해오던 그는 케이팝 그룹 스트레이 키즈의 멤버 현진과의 영상통화 후기가 대박이 나 2021년 12월을 기점으로 단숨에 인지도를 끌어올렸다. 영통을 위해 네일 케어를 받거나 목욕재계를 하며 열심히 준비했건만(누구도 강요한 사람은 없다) 주어진 그 짧은 시간에 자기 혼자 열심히 떠들었다

든지, 계획과 다른 이상한 투샷을 찍었다든지 하는 에피소드는 아이돌 덕후라면 누구나 공감할 만한 내용이었다.

덕질을 하기 위해 열심히 돈을 벌겠다고 다짐하지만, 주목할 점은 그가 모든 덕질을 솔플(솔로플레이) 한다는 점이다. 오죽 외로웠으면 덕친(덕후친구)이 없는 것을 주제로 쇼트 애니를 제작했을 정도인데, 여기서 '카와이소니!'라는 이름이 빛을 발한다. 일본어로 카와이소니는 '불쌍하게도'라는 뜻이기 때문이다.

빠쮸토끼는 그런 카와이소니! 본인과도 맥을 같이하는 캐릭터로 보인다. 「Forbes JAPAN」과의 인터뷰에서 그는 '세상에서 가장 덧없고 슬픈 이미지를 가진 동물이 토끼였기 때문'이라고 빠쮸토끼의 탄생 비화를 밝혔다. 팔로워가 83만 명이 넘는 빠쮸토끼의 공식 트위터(X)에는 이따금 두 컷 만화가 업로드되는데 내용은

ⓒ이하나

'어지간히 불운해서 눈물 나지만 한결같이 갸륵하게 살아가는' 빤쮸토끼의 일상이다.

인기의 핵심은 강요하지 않은 공감

그 일상 속에서는 MBTI가 N인 사람이라면 한 번쯤 상상해 봤을법한 웃픈 상황이 펼쳐진다. 통창이 있는 도쿄타워뷰 욕실에서 우아하게 반신욕을 즐기는 와중에 갑자기 나타난 창문 청소 작업자와 눈이 마주친다던가, 친구들과 디저트 카페에서 해가 질 때까지 인증샷을 찍다가 본인의 팥빙수만 다 녹아버렸다던가 하는 상황(친구들은 모두 조각케익을 주문했다). 심지어 도움이 필요한 사람에게 손을 내밀고 타인을 위해 자신을 희생함에도 불구하고 결과는 안 하느니만 못하다. 전철에서 할머니에게 자리를 양보했지만 그 할머니가 '쩍벌'자세로 옆 사람을 불편하게 하는 바람에 식은땀을 흘리고, 사진촬영을 부탁받은 커플을 찍어주느라 절벽 끄트머리에서 오들오들 떠는 빤쮸토끼의 모습은 '웃안웃(웃긴데 안 웃긴다의 줄임말)' 그 자체다.

빤쮸토끼를 웃픈 상황에 빠뜨리는 사람들은 상식적인 일본인이라면 절대 하지 않는 사회적 행동들을 보여주는데, 마치 어릴 때부터 남에게 메이와쿠(迷惑, 민폐)를 끼쳐서는 안된다고 교육받는 일본 특유의 사회 분위기를 풍자하는 것 같기도 하다. 단순히 웃음만 자아내는 것이 아니라 생각하고 공감할 거리를 던져주는 것이다. 대충 그린 것처럼 보이지만 자세히 들여다보면 결코 대충 그린 게 아니다.

작가 카와이소니!는 빤쮸토끼가 히트한 이유에 대해 「Forbes JAPAN」을 통해 다음과 같이 스스로 분석한 바 있다.

'요즘처럼 콘텐츠를 보는 눈이 냉정해진 시대에는 '이거 재밌지?' 하고 상대를 완전히 파악한 듯이 만들어진 것은 받아들여지기 힘든 것 같다. 그래서 얼마나 자연스럽게 표현할지를 중요하게 생각한다. 빤쮸토끼의 스토리는 보는 이에게 생각할 여백을 남기기 위해 글씨나 일러스트로 너무 많은 정보를 전달하지 않도록 하고 있다. 그게 많은 분들께 사랑받는 이유가 아닐까'[1]

작가가 비워둔 여백에 적극적으로 동참하고 빤쮸토끼에 자기를 투영하며 응원하는 MZ세대들이 많다는 사실은 피부로도 느껴진다. 빤쮸토끼는 2023년 상반기에 발표된 JC · JK 유행어 대상[2]의 물건 부문 3위를 차지했는데, 실제로 길거리를 걷다 보면 가방에 빤쮸토끼 인형을 달고 다니는 중고등학생들을 심심치 않게 볼 수 있다. 실제로 카와이소니!의 공식 온라인 스토어에는 각 장르별로 매주 신상품들이 쏟아져 나오고, 기업들과 진행하는 콜라보 기획

1 「Forbes JAPAN」 2023년 9월 30일자 기사를 저자가 번역하여 인용하였음.
2 JC·JK 유행어대상 (JC · JK流行語大賞) : 일본의 여자 중학생(JC) 및 여자 고등학생(JK)들의 최신 유행 지표. 주식회사 AMF가 2017년에 창립해 매년 두 번씩 4개 부문(사람, 물건, 앱, 말)의 1~5위를 발표하고 있다.

도 셀 수 없이 많다.

일본 전국 18개 지점이 있는 패션몰 파르코(PARCO)에서 순회 개최된 '빤쮸토끼전'은 누적 관객 10만 명을 동원했으니 이 하찮고 가엾은 빤쮸토끼가 일본 열도를 장악하고 있다고 해도 과언이 아니다. 그뿐만 아니라 한국에서도 케이팝 덕후로 유명한 카와이소니!와 더불어 빤쮸토끼가 사랑받고 있다. 카카오톡 이모티콘은 출시하자마자 1위에 오르고, 카카오 프렌즈 홍대, 부산 플래그십 스토어의 '빤쮸 슈퍼'나 더현대 서울의 '빤쮸 찜질방' 같은 팝업 스토어도 인기를 끌었다.

하찮고 가엾은 빤쮸토끼의 '후빈카와이'한 활약은 2024년에도 계속되고 있다. 카와이소니!는 빤쮸토끼 뿐만 아니라 음뽀챠무, 키미마로라는 캐릭터를 통해 '후빈카와이'의 세계관을 점점 넓혀가고 있다. 작가 본인도 스트레이 키즈의 일본 공식 뮤직비디오를 제작하는 등 성덕(성공한 덕후)이 되었고, 수입 역시 더 이상 불쌍해서 귀여운 정도의 수준은 넘어선 지 오래일 것이다.

For More Information
소셜미디어: instagram.com/opanchu.usagi

10F

いい気分
いい香り

Pitch
co.

9F

9F

最強

8F

7F

マッサージ
スーパー
バランス

6F

喫茶店
一品

5F

4F

サロンクリスティ

issue.
30

살롱
크리스티

Salon Christie

애거서 크리스티를
좋아하세요?

日本　MZ　トレンド　流行　レポート

일본에서 애거서 크리스티 전집으로 유명한 출판사는 하야카와 쇼보(早川書房)라는 곳이다. 1945년에 설립되어 주로 해외 장르 문학을 일본 독자들에게 소개해왔고, 장편추리소설 부문의 신인작가를 발굴하는 '애거서 크리스티상'이나 '하야카와 SF 콘테스트' 등을 개최하며 장르문학에 특화된 출판사로 명성을 쌓아왔다. 특히 본사 1층에 있는 킷사텐(喫茶店) '살롱 크리스티'는 작가나 번역가, 편집자들이 머리를 맞대고 몇천 권의 책을 세상에 내보낸 아지트인데, 1988년에 오픈한 이곳이 35년 만에 새 단장을 하고 2023년 2월에 다시 오픈했다.

무인양품 호텔 'MUJI HOTEL GINZA'로 알려진 건축 디자인 회사 UDS가 담당한 인테리어는 애거서 크리스티의 나라인 영국의 전통적인 펍을 모티브로 했다. 리뉴얼과 더불어 새로 합류한 사이폰 기구와 예전 풍취를 남기면서도 세련된 공간 디자인이 어우러져 영국스러운 뉴트로 느낌이 물씬 풍긴다. 너무 밝지도 어둡

ⓒ 이하나

지도 않은 차분한 분위기 속에서 애거서 크리스티의 작품을 이미지 한 커피나 차, 식사를 즐길 수 있다. 모든 메뉴는 숙련된 바리스타와 셰프들의 손을 거친다. 하야카와 쇼보의 직원들이 자주 찾는 곳인 만큼, 직원들의 건강을 생각한 회사가 예전부터 지켜왔던 배려다.

혼자 책을 읽기 위해 방문하는 고객도 많지만, 아무래도 '살롱'을 자칭하는 만큼 이곳에서는 작가와 편집자들, 책을 좋아하는 사람들의 대화가 주를 이룬다. 내가 방문했을 때도 외국인 작가와

ⓒ이하나

ⓒ이하나

편집자들이 열정적으로 회의를 나누고 있었다. 가게 안쪽에는 편한 분위기에서 이야기를 나눌 수 있도록 벽으로 구분된 공간도 마련되어 있다.

하야카와 아츠시(早川淳) 부사장은 살롱 크리스티에 대해 "책을 사랑하는 사람들이 모이고, 또 책에 흥미를 가질 계기가 될 만한 '읽는 기쁨'을 전하는 장소가 되길 바란다"라고 밝혔다. 그런 만큼 때로는 독서회 같은 이벤트를 개최하거나 애거서 크리스티 작품에 나오는 음식들로 구성한 이브닝티 세트를 예약제로 판매하기도 한다. 책에 대해 이야기하지 않을 수 없는 장소와 음식과 시간이다.

자국의 작가가 아님에도 불구하고 출판사의 성장에 공헌한 애거서 크리스티에게 이러한 형태로 존경과 애정을 끊임없이 나타내는 의리가 대단하게 느껴진다. 2023년에 열린 런던 북페어에서는 하야카와 히로시(早川浩) 대표가 아시아인 최초로 '국제생애공로상'을 수상했다. 오랜 시간 동안 해외 문학을 일본에 소개해 온 공로를 인정받은 것이다. 단단한 토양을 만든 사람들과 그곳에서 영양분을 얻은 사람들이 있기에 일본의 미스터리 문학은 번성할 수 있었다. 코난이나 김전일 같은 명탐정들이 탄생한 것도 우연이 아닌 필연적인 사건이었을 것이다.

For More Information
주소: 3, 2 Chome-2 Kanda Tacho, Chiyoda City, Tokyo
소셜미디어: instagram.com/salon_christie

坂本龍一

issue. 31 사카모토 류이치

Sakamoto Ryuichi

세계적인 거장 아티스트의
긴 작별인사

カフェー
1OF

いい気分
いい香り

Pitch
co.

9F

9F

最強

8F

7F

マッサージ
スーパー
バランス

6F

喫茶店
一品

5F

4F

日本 | MZ | トレンド | 流行 りゅうこう | レポート

　교수(教授)라는 애칭으로 불리던 세계적인 음악가 사카모토 류이치가 2023년 3월 28일에 별세했다. 향년 71세. 그가 암 투병 중이라는 사실은 익히 알려져 있었으나 그럼에도 불구하고 왕성한 활동을 펼치고 있었기에, 갑작스러운 부고 소식은 그를 사랑하고 존경해온 수많은 팬들과 문화계의 슬픔을 자아냈다.

　할리우드 영화 〈마지막 황제〉(1986)로 일본인 첫 미국 아카데미 음악상을 수상한 그는 많은 일본인들이 자랑스러워하는 '세계의 사카모토'였다. 피아니스트, 작곡가, 키보디스트, 영화음악가, 지휘자, 미디어아트 작가, 저술가, 교육자, 사상가, 사회 · 환경운동가 등 다양한 얼굴로 활동하며 1976년 데뷔 이후 45년간 각 분야의 최전선에서 한 번도 벗어난 적이 없는 아이콘적인 존재였다.

　예술가로서, 지식인으로서 정력적이고 충실한 삶이었다. 그가 숨을 거둔 뒤, 가족 중 한 명이 "그래도 남들의 세 배는 살았어"라고 말했다고 한다. 실제로 고인은 210년을 산 사람이라고 해도 될 만큼 방대한 양과 훌륭한 질의 흔적을 세상에 남겼고, 그 흔적들이 지금도 세계 곳곳에서 작별인사처럼 울려 퍼지고 있다.

　음악가로서의 유작은 그의 마지막 생일인 2023년 1월 17일에 발매된 앨범 〈12〉다. 2021년 1월에 20시간에 걸쳐 대장을 30cm나 제거하는 대수술을 받은 후, 투병 생활을 하던 그가 마치 일기를 쓰듯 스케치해 온 음원들 중 마음에 드는 열두 곡을 골라 수록한 것이다. 뭔가를 전하겠다는 목적과 자의 없이 빚어낸 날것의 소리들이 이루 말할 수 없을 정도로 처연하고 아름답다. 세상의 모든 소리를 사랑한 거장의 마지막 숨결이 그대로 담겨있는 귀중한 앨범이다.

또한 작곡가로서의 마지막 작품은 2023년 4월 2일에 개교한 도쿠시마현(德島県) 카미야마 마루고토 고등전문학교(神山まるごと高等専門学校)의 교가다. 제1기 신입생들의 입학식에서 완성 직전의 교가 음원이 흐른 몇 시간 후, 작곡자의 부고 소식이 전해졌다.

영화음악가로서의 유작은 2023년 6월 2일에 일본에서 개봉(한국 개봉은 11월 29일)한 고레에다 히로카즈 감독의 〈괴물〉이다. 고레에다 감독은 투병 중인 사카모토에게 영화의 가편집본과 함께 편지를 보내 음악을 맡아달라고 정중히 부탁했다. 그리고 사카모토로부터 '전부 맡을 체력은 남아있지 않지만, 보여주신 것이 재미있어서 음악의 이미지가 몇 곡 정도 떠올랐으니 만들어보겠습니다. 마음에 들면 써주세요'라는 답변을 받았다. 영화가 공개된 건 그가 세상을 떠난 후였기 때문에 본인에 의한 해설이 남아있지 않다는 점이 매우 안타깝다.

『나는 앞으로 몇 번의 보름달을 볼 수 있을까』라는 제목으로 한국에도 번역 출간된 책이 사카모토의 마지막 저서이다. 문예지 〈신쵸〉(新潮) 2022년 7월호부터 2023년 2월호까지 연재했던 글들을 모은 것인데, 투병생활과 함께 2009년 이후의 활동을 회고

하는 내용이 담겨 있다. 유소년기부터 57세까지의 인생을 되돌아
본『음악으로 자유로워지다』에 이은 두 번째 자전 에세이인 셈이
다. 본문의 마지막 문장은 'Ars longa, vita brevis(예술은 길고 인
생은 짧다)'로 끝맺는다. 세상에 많은 것들을 남긴 그를 생각하면
71년간의 인생은 짧고도 짧았지만, 그가 평소에 좋아했던 이 구절
처럼 그의 작품과 기록은 오랜 시간 동안 살아 숨 쉴 것이다.

　고인이 본인의 의지로 출연한 마지막 영상 작품은 일본에
서 2023년 9월에 개봉한 〈Ryuichi Sakamoto｜Opus〉다. 투병
중 상당히 야윈 몸으로 피아노 앞에 앉은 그가 대표곡 〈Merry
Christmas Mr. Lawrence〉를 비롯해 그동안의 궤적을 더듬는 총
20곡을 솔로로 연주한 콘서트 필름이다.

　영화감독으로 활동하는, 그의 아들 소라 네오(空音央)가 "뭔가

를 남기고 싶다"는 사카모토의 의뢰를 받아, 혼신의 힘을 다해 연주하는 아버지의 모습을 피아노의 색과 같은 흑백으로 담담하게 담았다. 같은 곡을 수백, 수천 번 다양한 버전으로 연주해왔을 그가 최후에 다다른 경지에 압도된다. 완성 편집본을 본 사카모토는 "굉장히 좋아"라며 만족감을 표했다고 한다. 한국 개봉 포스터에도 적혀 있듯, 동시대를 산 위대한 거장이 팬들에게 고하는 마지막 작별인사다.

고인은 세상을 떠나기 직전까지 음악과 함께했다. 마지막으로 레코딩을 진행한 날은 2023년 3월 16일. 임종 12일 전이었다. 이때 녹음된 음원은 4월 8일에 열린 후배 뮤지션 오오토모 요시히데(大友良英)와 오야마다 케이고(小山田圭吾)의 라이브 즉흥 연주에 쓰였다. 또 3월 21일, 23일, 24일, 26일은 본인이 음악감독을 맡고 있는 도호쿠 유스 오케스트라의 공연 리허설을 원격으로 지도하고 병상에 누운 채로 공연 중계를 지켜봤다. 완화 케어를 결정한 25일부터는 본인의 장례식에서 BGM으로 재생할 음악 리스트(Funeral Playlist)도 꼼꼼히 체크했다. 그리고 3월 28일 오전 4시 32분, 하늘로 떠났다. 부디 아픔이 없는 곳에서 아름답고 즐거운 소리들에 둘러싸여 편히 잠들기를 빈다.

For More Information
웹사이트: www.sitesakamoto.com
소셜미디어: instagram.com/skmtgram

千客万来

issue. 32 →

천객만래

이곳이 바로
'일본의 맛'

| 日本 | MZ | トレンド | 流行
りゅうこう | レポート |

'일본의 부엌'이라 불리는 츠키지(築地) 수산시장이 토요스(豊洲)로 이전한 지 6년이 지났다. 그동안 토요스는 2020 도쿄 올림픽의 선수촌으로 주목받았고, 올림픽이 끝난 뒤에는 재개발을 통해 5,632세대, 약 1만 2,000명이 거주하는 대규모 타운 하루미 플래그(HARUMI FLAG)가 들어서며 새로운 변화를 맞이했다. 그리고 2024년 2월 1일, 토요스 수산시장의 장외시장 격인 '천객만래'가 오픈하면서 명실공히 도쿄의 새로운 명소로 부상했다.

약 1만 제곱미터의 토지에 조성된 천객만래는 두 개의 동(棟)으로 구성되어 있다. 내로라하는 맛집들이 모인 토요스 장외 에도마에 시장(豊洲場外 江戶前市場)과 온천 시설을 갖춘 도쿄 토요스 만요쿠라부(東京豊洲 万葉倶楽部)다. 우선 에도시대의 상점가를 재현한 외관으로 방문객들의 눈을 사로잡고, 토요스 수산시장에서 조달한 싱싱한 식재료들로 입맛을 사로잡은 뒤, 뜨끈뜨끈한 온

© 이하나

천으로 마음까지 사로잡을 기세다.

사실 천객만래가 오픈하기까지는 많은 우여곡절이 있었다. 사업이 엎어질 뻔하기도 했다. 2017년, 츠키지에 천객만래와 비슷한 '맛의 원더랜드'를 만들어 츠키지의 브랜드를 강화하고 싶다고 발언한 코이케 유리코 도쿄 도지사와 천객만래 사업을 주도하던 만요쿠라부(万葉倶楽部)가 대립했기 때문이다. 또 도쿄 올림픽이 연기되거나 팬데믹 사태가 터지는 바람에 공사도 계속 지연됐고, 그렇게 시간이 흐른 탓에 츠키지의 장외시장에 있던 맛집들을 천객만래로 옮겨오는데도 상당히 애를 먹었다고 한다.

여러 가지 시련을 겪으며 당초 계획보다 5년이나 늦게 개관했지만, 이제는 축제의 시간이다. 마치 기다렸다는 듯이 방문객들이 몰려들고 있다. 유리카모메(ゆりかもめ)의 시죠마에(市場前)역과 직결되어 있어 방문하기 편하다는 장점도 한몫했다. 유명한 맛집

들이 한 곳에 모여있는 것을 보니 설레기 그지없었다. 가게 앞에는 반드시 긴 행렬이 서있고, 돌아다니는 대부분의 방문객들이 한 손에 먹거리를 들고 맛보기 바쁘다.

일본인이 압도적으로 많지만 외국인들도 눈에 띈다. 마치 사극 세트장 같은 분위기를 가진 이곳은 관광객들에게 '일본의 맛'을 제대로 느끼게 할 체험의 장소가 될 것이다. 천객만래라는 이름 그대로 천 명의 손님들이 만 번 찾아올 만한 새로운 맛의 성지로 인해 토요스는 한층 더 활기 넘치는 일본의 부엌으로 확실히 자리매김한 듯 보인다.

For More Information
주소: 6 Chome-5-1 Toyosu, Koto City, Tokyo
웹사이트: www.toyosu-senkyakubanrai.jp
소셜미디어: instagram.com/toyosu.senkyakubanrai

昭和レトロ喫茶店

issue.
33

→

쇼와
레트로
킷사텐

일본 MZ세대의
인스타 감성

| 日本 | MZ | トレンド | 流行 (りゅうこう) | レポート |

얼마 전까지 한국에서는 콘크리트나 천장의 배관을 그대로 노출시키는 인더스트리얼 인테리어의 인스타 감성 카페가 많은 화제를 모았다. 공사비가 조금 모자랐던 것 마냥 마감 처리가 안돼 살벌한 분위기를 풍기는 카페들이 MZ세대들에게는 힙하게 느껴진 모양이다. 어쩌면 2000년대에 한국의 아파트를 장악했던 공포의 체리색 몰딩과 꽃무늬 벽지를 보면서 자란 반작용이 아닐까? 아무튼 한국에서 왠지 모르게 안도 다다오(安藤忠雄)[1]의 시그니처 스타일이 각광받는 동안, 안도 다다오의 나라 일본은 한국과는 정반대인 인스타 감성 카페가 유행했다. 이른바 쇼와 레트로 킷사텐이다.

쇼와 천황(昭和天皇)의 재임 기간인 1926년 12월 15일부터 1989년 1월 7일까지, 일본 역사상 최고로 긴 연호인 쇼와(昭和) 시대는 고도 경제 성장을 이루며 국민들이 풍족한 생활을 했던 이미지로 각인돼있다. 특히 1960~70년에는 킷사텐(喫茶店)이 우후죽순 생겨나 점주들이 '자기만의 성(城)' 만들기에 돈과 시간과 열정을 쏟아부었다.

킷사텐은 한국으로 치면 다방에 해당되는 곳으로, 커피나 홍차 같은 음료와 디저트 및 간단한 식사를 제공한다. 옛날에는 술과 함께 불순(不純)한 접객이 행해지는 킷사텐도 있었던 탓에 알

---

1 일본의 건축가. 1941년 9월 13일생. 1995년 프리츠커상 수상. 빛과 물, 바람 등 자연과 사람이 어우러지는 공간을 추구하는 건축으로 높이 평가받으며 노출 콘크리트의 대중화에 크게 기여했다. 대표작으로는 <빛의 교회, 오사카>, <물의 교회, 홋카이도>, <물의 사원, 효고> 등이 있다. 제주도에 있는 <글라스하우스>, <본태박물관>, <유민 미술관> 등도 설계했다.

콜류를 제공하지 않는 곳은 쥰킷사(純喫茶)라고 구분해 부르지만, 요새는 술을 마시러 일부러 킷사텐에 가는 사람은 드물기 때문에 구분하는 데 큰 의미는 없다. 요즘 킷사텐을 찾는 주요 고객은 MZ세대, 그 중에서도 여성들이 대다수다. 다들 알록달록한 색깔의 크림소다나 파르페, 토스트를 시켜놓고 인스타그램에 올릴 사진 찍기에 여념이 없다.

우에노(上野)에 위치한 회사 사무실 근처에 '왕의 성'이란 뜻의 오죠(王城)라는 킷사텐이 있다. 가게 앞을 지나갈 때마다 쇼와 레트로 킷사텐이 유행한다는 것을 피부로 느낀다. 외관만 봐서는 크게 특별할 것 없어 보이는데 다들 어떻게 알고 찾아왔는지 평일 주말 할 것 없이 MZ세대 여성 80%, 남성 20% 비율로 웨이팅 중이다. 피곤에 찌든 직장인인 나는 예쁘게 차려 입고 기대에 들뜬 모습으로 서있는 그들을 부럽게 바라본다.

ⓒ이하나

운 좋게 웨이팅이 없던 날 취재 삼아 방문해봤지만 쇼와 시대를 겪어본 적 없는 한국인으로서 큰 감흥은 없었다(아마도 그날 심신이 좀 피곤했던 것 같다). 그럼 역시 쇼와 시대를 겪어본 적 없는 일본의 MZ세대들은? 마치 타임슬립이라도 한 듯이 벅찬 표정으로 가게 내부를 요리조리 둘러보며 인스타그램에 올릴 사진 찍기에 여념이 없었다.

킷사텐의 유행은 한국에서 MZ세대를 중심으로 LP가 유행하는 것과 같은 맥락이다. 킷사텐에는 스타벅스나 도토루 같은 프랜차이즈 카페가 흉내 내지 못하는 희소성이 있다. 점주의 취향이 느껴지는 조명과 장식품들로 꾸며진 세상에서 단 하나뿐인 공간이기에, 하늘 아래 같은 킷사텐은 없다. 그래서 킷사텐의 매력에 눈뜬 MZ세대들은 '킷사텐 투어'에 나선다. 각종 잡지나 책, 기사, SNS에는 킷사텐 투어를 돕는 정보가 넘쳐 흐른다.

ⓒ이하나

인기 드라마 〈고독한 미식가〉(孤独のグルメ)의 제작진은 비슷한 포맷으로 고독한 미식가의 킷사텐 버전이라고 할 수 있는 〈쥰 킷사를 사랑해서〉(純喫茶に恋をして)[2]를 만들었다. 멋진 킷사텐을 발견하고 경험해 보지 못한 세월의 흔적들과 마주하는 것은 흡사 문화 체험이다. 쇼와 레트로의 따뜻한 감성이 분명 그들에게 어떤 감흥을 불러일으켰을 것이다. 그러므로 '힙하지 않아?'하고 인스타그램에 자랑하고 싶은 것도 인정. 하지만 한번 빠지면 출구는 없어 보이니 웨이팅은 신중하게 생각할 것.

2 2020년 2월 8일부터 후지테레비 TWO에서 방영중인 드라마. 무명 만화가인 가라스야마 준페이 (토즈카 준키 분)가 일본 각지의 킷사텐을 방문하는 내용이다. 한국에서는 <찻집을 사랑해서>라는 제목으로 알려져 있다.

渋谷アクシュ
& 東急プラザ
原宿 HARAKADO

issue.
34

시부야 아크슈
& 도큐 플라자
하라주쿠
하라카도

아직 끝나지 않은
시부야의 변모

日本　MZ　トレンド　流行^{りゅうこう}　レポート

いい気分
いい香り
Pitch
co.
9F

9F

最強
8F

7F

マッサージ
スーパー
バランス
6F

喫茶店
一品
5F

4F

도쿄의 랜드마크인 스크램블 교차로가 있는 시부야(渋谷) 역 주변은 현재 '100년에 한 번'이라는 대규모 재개발이 한창이다. 시부야는 1964년 도쿄 올림픽 당시 중심지 역할을 했고, 그 후에도 젊음과 다양성을 기반으로 일본의 최첨단 트렌드를 세계에 알리는 문화 발신지로 자리매김했다. 일본을 찾은 관광객이라면 누구나 한번쯤 가보고 싶어하는 핫플레이스로 명성을 떨치고 있지만, 사실은 해결해야 할 과제가 산더미였다.

역 내부는 4개 회사(JR동일본, 도큐전철, 도쿄메트로, 케이오)의 총 9개 노선이 배치되는 과정에서 동선이 너무나 복잡해졌고, 역 바깥은 수많은 상업시설에 비해 오피스, 숙박시설, 주택이 턱없이 부족해 공급 부족에 시달렸다. 이러한 과제를 해결하기 위해 도큐(東急, Tokyu)[1] 그룹은 시부야를 중심으로 반경 2.5km 구역을 광역시부야권(Greater SHIBUYA)으로 설정하고 2000년대부터 대규모 재개발 프로젝트에 온 힘을 쏟는 중이다.

'엔터테인먼트 시티 시부야'와 '광역시부야권 구상'이라는 두 개의 비전을 내걸고 도심 개발, 교통 인프라 강화, 지역 문화와 이벤트 활성화를 꾀해 시부야를 새로운 비즈니스와 엔터테인먼트의 중심지로 삼고자 한 것이다. 도큐 그룹은 이 프로젝트를 통해 시부야 역의 동선을 재정비하고 방재 시설을 설치했으며, 역 주변으

---

1 '아름다운 시대로'라는 슬로건 아래 철도가 중심이 되는 마을 만들기를 근간으로 둔 대기업으로, 1922년에 고토 케이타(五島慶太)가 창업했다. 핵심 사업인 철도를 비롯해 부동산(도큐 부동산), 생활 문화 서비스(도큐 백화점, 도큐 핸즈 등), 호텔 및 리조트 사업을 전개 중이며, 철도를 중심으로 한 지역 주민들의 생활 환경을 구축하는 데 있어 각 사업 분야가 밀접하게 연계된 점이 도큐 그룹의 최대 강점으로 꼽힌다.

로 복합시설(히카리에, 스트림, 스크램블 스퀘어 등), 오피스 빌딩(후쿠라스, 소라스타 등), 상업시설 (도큐 플라자 등)을 늘려가는 중이다.

2024년에도 새로운 복합시설이 모습을 드러냈다. 이름하여 시부야 아크슈(AXSH). 2024년 상반기에 오픈, 5월 말에 준공된 지하 4층, 지상 23층짜리 건물이다. 초근접해 있는 히카리에와는 연결 복도로 이어져 있는데 앞으로 재개발 예정인 시부야 2초메 서쪽 구역이나 크로스타워와의 접근성을 높이는 허브 역할을 담당한다. 5~23층이 오피스 플로어로 구성되기 때문에 사실상 오피스 빌딩이나 다름없지만, 1~2층을 자연친화적인 오픈 광장으로 꾸며 유동인구가 많아 답답했던 시부야 역 동쪽 구역에 새로운 활기를 불어넣었다.

아트리움이라고 이름 붙인 이곳 광장에는 시부야에서 주목받는 그래픽 갤러리 NANZUKA가 큐레이션 한 퍼블릭 아트 작품도 전시되어 있다. 그리고 웰니스(Wellness)라는 콘셉트를 내건 3~4층에는 내추럴 레스토랑과 피트니스가 연동된 가게나 종합 검진 센터를 입주시켰다. 아크슈에서 새로운 비즈니스와 문화를 주도할 직장인들의 힐링을 확실하게 돕겠다는 의도다.

여기서 잠깐 이름에 대해 짚고 넘어가자. 아크슈라는 이름을 보고 도저히 악수(握手, '아크슈'라고 발음)를 떠올리지 않을 수가 없었는데, 설마 했던 그게 정답일 줄이야. 보도자료에 따르면 아오야마(AOYAMA)와 시부야(SHIBUYA)를 서로 잇는(X) 장소로서 이곳을 찾는 다양한 인종과 국적의 사람들끼리 교류하길 바라는 마음을 담아, 만국 공통 인사인 악수를 의미하는 'AXSH'라고 이름 지었다고 한다. 영어권 사람들이 과연 AXSH를 아크슈라고 읽고 발음할지는 의문이지만, 오직 일본이기에 가능한 네이밍 센스에 이마를 탁 쳤다.

아크슈와 비슷한 시기에 '도큐 플라자 하라주쿠 하라카도(HARAKADO)'도 시부야의 옆동네인 하라주쿠(原宿)에 오픈했다. 아무래도 관광객들에게는 아크슈보다 상업시설인 이쪽이 더 흥미로울 듯하다. 하라카도란, 진구마에 교차점(神宮前交差点)에서 하라주쿠 방면인 서쪽 카도(角, 귀퉁이)에 위치한다는 의미다. 지상 9층, 지하 3층 규모이며 자연을 추상화한 디자인으로 주목받는 건축가 히라타 아키히사(平田晃久)가 외관 및 옥상 디자인을 담당했다.

외관은 삼각형, 사각형 모양의 유리가 입체적으로 구성되어 마치 다양한 각도에서 빛을 반사하는 유리 공예 작품 같고, 생명력을 느낄 수 있는 다양한 식물들로 조성된 옥상은 건물 밖에서도 사람들의 시선을 잡아끈다. 그런 하라카도에서 더욱 주목할 만한 곳은 단연 지하 1층이다. 도쿄 코엔지에서 90년 역사를 자랑하는 센토(대중목욕탕) 코스기유(小杉湯)의 2호점 코스기유 하라주쿠(小杉湯原宿)가 출점했기 때문이다.

상업시설에 센토가 들어오는 건 매우 드문 일인데, 과거 하라
주쿠에 있던 센토가 창작자들의 아지트 역할을 했던 사실이 결정
적인 계기가 되었다. 그 밖에도 약 3,000권 이상의 잡지가 모여있
는 라이브러리나 크리에이티브 라운지, 크리에이티브 카페, 영상
촬영 스튜디오 등 창작에 초점을 둔 시설들이 크리에이터들의 자
연스러운 교류를 돕는다. 하라카도는 새로운 문화 창조의 거대한
장인 셈이다.

하라카도의 탄생으로 인해 같은 진구마에 교차점의 오모테산
도 방면에서 2012년부터 영업 중인 '도큐 플라자 오모테산도 하
라주쿠'는 '도큐 플라자 오모테산도 오모카도(オモカド)'라는 이
름으로 개칭되었다. 오모테산도 쪽 귀퉁이라는 뜻이다. 하라주쿠
와 오모테산도를 잇는 교차점에 대각선으로 자리잡은 도큐 플라

자가 서로 마주 보며 하라주쿠의 활성화에 기여하겠다는 각오다.

　도큐 그룹은 2020년을 기점으로 주요 프로젝트의 대부분이 완료되었다고 보고, 그동안의 활동을 Greater SHIBUYA 1.0으로 규정했다. 그리고 2022년, Greater SHIBUYA 2.0으로 버전업된 프로젝트를 공표하며 이제 충분히 갖춰진 엔터테인먼트와 비즈니스 인프라에 일상생활을 융합시킨 '시부야형 도시 라이프(渋谷型都市ライフ)'라는 새로운 목표를 향해 달린다. 향후 100년을 위한 시부야 재개발 프로젝트의 진짜 최종 파이널 버전이 공개되는 건 과연 언제일까. 다른건 몰라도 시부야가 더욱 역동적이고 매력적인 도시로 변모해가는 과정은 흥미로울 것 같다.

For More Information
시부야 아크슈
주소: 2 Chome-17-1 Shibuya, Shibuya City, Tokyo
웹사이트: shibuya-axsh.jp

도큐 플라자 하라주쿠 하라카도
주소: 6 Chome-31-21 Jingumae, Shibuya City, Tokyo
웹사이트: harakado.tokyu-plaza.com
소셜미디어: instagram.com/harakado

ソバーキュリアス

issue. 35

소버
큐리어스

Sober Curious

취하지 않는 것이 미덕

日本　MZ　トレンド　流行（りゅうこう）　レポート

カフェ
10F

いい気分
いい香り

Pitch
co.
9F

9F

最強
8F

7F

マッサージ
スーパー
バランス
6F

喫茶店
一品
5F

4F

맥주나 사케의 도수가 점점 낮아지고 맥주보다 레몬사와가 대대적으로 유행하며, 사실상 탄산음료라고 할 수 있는 무알콜 맥주가 점점 세력을 늘려간다. 최근 몇 년간 일본에서 나타난 현상이다. 20대 후배들도 회식 내내 무알콜, 저알콜 맥주를 넘어 아예 진저에일이나 콜라, 우롱차 등 무알콜 음료를 마시는 경우가 많다. 술을 못 마시는 체질도 아닌데 굳이 입에 대지 않는 것이다. 이런 현상의 근간에는 MZ세대들의 술 기피(お酒離れ), 즉 소버 큐리어스(Sober Curious)가 있다.

인간이라면 누구나 무병장수를 꿈꾼다. 이제 100세 시대를 넘어 무려 120세 시대가 온다고 하니, 건강한 삶에 대한 관심은 더더욱 높아져만 간다. 팬데믹 사태 또한 건강에 대한 경각심을 일깨워 주었다. 우리 인간이 추구해야 할 최고의 덕목이자 재산인 건강. 그걸 위협하는 요소로 반드시 언급되는 알콜. 코로나19 이후 미국과 유럽의 MZ세대 사이에서 알콜을 의도적으로 멀리하는 라이프스타일인 소버 큐리어스가 확산되기 시작했는데, 이제는 일본도 비음주가인 MZ세대들이 눈에 띄게 늘었다. 일본 후생노동성의 조사에 따르면, 주 3회 이상 음주하는 습관을 가진 애주가 남성은 1989년과 2019년 사이 30년간 51.5%에서 33.9%로 줄었고 특히 20대 남성의 비율은 32.5%에서 12.7%로 엄청나게 급감했다.

취한 기분만 내기로 해

걸그룹 트와이스가 '나는 알콜 프리~ 근데 취해~'하고 노래하던 2021년, 일본의 논알콜 음료 시장 규모는 33.7만㎘로 10년 전에 비해 두 배로 커졌다. '취하고 싶지 않은' MZ세대들의 분위기를 진작에 감지한 주류업계는 논알콜 맥주를 비롯한 새로운 알콜 프리 음료를 하나둘 론칭해왔다.

그중에서도 아사히 맥주의 주력 브랜드인 '슈퍼드라이'에서 출시한 알콜 0% 버전 '드라이제로'는 6년 연속 판매율 1위를 달성한 논알콜 맥주 시장의 최강자다. 아사히 맥주는 사람들이 각자의 체질과 기분, 상황에 따라 스마트하게 적절한 드링크를 선택해야 한다는 '스마도리(Smart Drinking의 일본식 줄임말)' 의식을 확산하기 위해 TV 광고는 물론 각종 사회활동을 전개하고 있다.

ⓒ이하나

차마 술을 멀리하라고 할 순 없고, 뭘 좋아할지 몰라서 다양하게 준비했으니 각자의 선택을 통해 '취한 기분'은 만끽하자는 주류회사의 마지노선인 셈이다. 또한 '스마도리 주식회사'라는 새 법인을 만들어 2023년 9월, 2060세대 8,000만 명 중 술을 마시지 않는 4,000만 명을 타깃으로 하는 논알콜 바, '스마도리 바(Sumadori Bar)'를 오픈했다. 0%, 0.5%, 3% 중 알콜 도수를 고를 수 있는 칵테일 메뉴를 100가지 이상 개발해 알콜의 대체품이 아닌 기호품으로서 논알콜 음료를 즐기는 '스마도리' 문화를 더욱 확산시키기 위해서다.

'필요 이상으로 취한 어른들의 모습이 꼴사납다'고 생각하는 일본 MZ세대들의 소버 큐리어스는 단순히 외국문화를 받아들인 결과만은 아니다. 매년 대학교나 직장 내의 알콜 해러스먼트(alcohol harassment, 술을 강요하는 행위), 일명 '아루하라'로 인한 사망사건이 끊이지 않았다. 20대, 30대 젊은 세대들이 피해를 입는 모습은 알콜에 대한 부정적인 인식을 축적시킬 뿐이었다.

그런 가운데 법도 개정되어 '파워하라 방지법'이라 불리는 개정노동시책종합추진법(改正労働施策総合推進法)이 2020년 6월부터 시행 중이다. 사회적 상하관계에 의해 음주를 강요하는 것, 원샷을 부추기는 것, 의도적으로 만취하게 만드는 것, 술을 못 마시는 사람을 배려하지 않는 것, 만취한 상태에서 민폐 행위를 하는 것. 후생노동성은 위 5가지를 주요 아루하라 행위로 정의하고 강요죄, 상해죄 등의 형사처벌이나 불법행위, 손해배상 등의 민사 처벌을 받을 수 있도록 했다.

일본에서 소버 큐리어스를 단적으로 보여준 사건이 있었다. 2022년, 일본산 주류의 발전과 진흥을 젊은 층에게 어필하겠다며 일본 국세청이 야심 차게 실시했던 '사케비바!(サケビバ!)' 콘테스트다. 표면적으로는 20~39세 젊은이들의 알콜 소비를 장려할 만한 비즈니스 아이디어를 모집해 주류업계의 활성화를 도모한다는 것이었지만 사실 진짜 노림수는 따로 있었다.

일본 성인의 연간 음주량은 1995년에 100리터(1인 기준)였으나, 25년 뒤인 2020년에는 75리터로 대폭 감소하면서 주세(酒稅) 규모 또한 크게 축소되었다. 1980년대만 해도 일본 국세 수입의 5%를 차지했던 주세가 2020년에는 2%로 줄어든 것이다. 이런 상황에서 주류 소비를 장려하는 국세청의 속이 뻔히 들여다보이지 않는가?

오죽하면 BBC JAPAN은 '일본의 젊은이들이여, 더욱 술을 마시자… 국가가 세수 증가 노리고 장려'라는 대담한 제목의 기사를 냈다. 대중들 또한 이럴 시간에 젊은이들이 술을 기피해서 절감된 의료비로 국가 재정 마련에나 집중하라며 비판을 쏟아냈다. 가장 결정적으로, MZ세대들이 코웃음을 지었다. '아무리 국가가 술을 권해도 일상에서 술이 차지하는 비중은 지극히 낮다'는 이유였다.

그래서 '사케비바!' 콘테스트는 어떻게 되었느냐고? 응모를 위한 특별 홈페이지는 일본답지 않게 매우 신속히 폐쇄되었고, 대대적으로 홍보하던 '사케비바'라는 말은 사어(死語)가 되었다. '일본산 주류의 발전 진흥을 생각하는 비즈니스 콘테스트'라는 타이틀로 둔갑해 국세청 홈페이지에 올라온 결과 발표에서 최우수상은 해당 없음. 우수상에 두 개의 플랜이 선출되었으나 처음 응모 요강에 나와있던 수상특전은 아무도 모르게 내용이 바뀌었고 수상자에 대한 서포트도 흐지부지 마무리되었다. 이런 정부의 삽질을 지켜본 MZ세대들의 '취하지 않겠다'는 의지는 더욱 확고해지지 않았을까? 소버 큐리어스로 인해 좀 더 건강하고 스마트해질 일본의 새로운 생활 문화가 궁금해진다. 한국의 대학가나 직장문화에도 도입이 시급한 변화가 아닐 수 없다.

東急歌舞伎町タワー
issue. 36
도큐 가부키초 타워
TOKYU KABUKICHO TOWER
오직 좋아하는 것만 좇을 것
いい気分 いい香り
Pitch co.
9F
9F
最強
8F
7F
マッサージ スーパーバランス
6F
喫茶店 一品
5F
4F
日本
MZ
トレンド
りゅうこう 流行
レポート

2023년 4월, 반가운 봄이 찾아옴과 동시에 도쿄 최대의 환락가인 신주쿠 가부키초(歌舞伎町)에도 새로운 바람이 불었다. 철도 사업을 주력으로 하는 대기업 도큐(東急) 그룹이 2019년부터 건설해온 높이 225미터, 지상 48층 지하 5층 규모의 초고층 복합시설 '도큐 가부키초 타워'가 오픈한 것이다. 보통 이러한 고층 빌딩에는 패션 브랜드나 오피스 플로어가 따로 있기 마련이지만, '노는 동네'로 명성이 자자한 가부키초답게 오로지 즐기는 엔터테인먼트에만 특화된 시설들이 한데 모였다.

1~2층에 입점한 스타벅스를 비롯해 일본 각지의 음식을 맛볼 수 있는 푸드코트, 반다이 남코 어뮤즈먼트가 운영하는 오락시설, 라이브 공연장, 멀티플렉스, 클럽, 바, 호텔까지. 대부분이 거의 24시간 영업이라 마음만 먹으면 빌딩 안에서 밤새 놀고먹고 마시고 자는 것이 가능하다. 만약 이런 곳에 오피스가 있다고 상상하면 그건 또 그것대로 일하는 사람들에게 고역이지 싶다.

호스트 다나카상의 고향으로 한국에도 잘 알려진 가부키초는 화려한 네온사인 아래 '인간의 모든 것을 삼키는' 밤의 거리로 유명하다. 나이, 출신, 성 정체성, 국적을 불문하고 다양한 인간 군상이 모여든다. 그렇기 때문에 도큐 가부키초 타워 또한 타깃 고객층이 설정되어 있지 않다. 애초에 어떠한 특성으로 구분 짓는 것이 불가능한 동네임을 숙지했다는 뜻이다. 그래서 탄생한 콘셉트가 '좋아하는 것을 좇다(好きを極める)'. 공간을 마련했을 뿐만 아

니라 다양한 층의 수요를 충족시키는 이벤트를 쉴 새 없이 기획해 엔터테인먼트를 좋아하는 사람들이 모여 왁자지껄 신나게 놀 수 있게 만들었다. 그렇게 콘셉트에 충실했기 때문일까, 오픈 한 달 만에 관계자들의 예상을 훨씬 뛰어넘는 100만 명이 도큐 가부키 초 타워를 방문했다. 그동안 가부키초와는 인연이 없었던 사람들 도 도큐 가부키초 타워에 흥미를 느끼고 발걸음을 옮긴 결과다.

특히 화제를 모은 것은 2층에 자리 잡은 푸드코트, '신주쿠 가 부키홀~ 가부키요코쵸'다. 요코쵸(横丁)란 술 한잔하기 좋은 가 게들이 옹기종기 모인 레트로 감성의 골목길로, 한국으로 치면 포 장마차 거리와 비슷한 느낌이다. 가부키요코쵸는 요코쵸라는 이 름에 걸맞게 가볍게 한잔 걸치고 싶어지는 격식 없는 분위기와 가 부키쵸 특유의 휘황찬란한 네온사인이 융합된, 평범함을 거부한 푸드코트로 눈길을 사로잡았다. 게다가 일본의 '마츠리'(祭り, 축

ⓒ이하나

제)를 테마로 삼고 일본식 포장마차에서 홋카이도나 큐슈, 오키
나와 등 일본 각 지역의 음식을 판매한다. 이벤트도 빠질 수 없다.
플로어 한편에 설치된 무대에서 일본 각지의 마츠리 퍼포먼스나
DJ쇼, 노래방, 마술 같은 행사가 정기적으로 펼쳐지는데, 행사를
보며 즐겁게 웃다가 여차하면 옆 테이블과 친해질 수도 있을 것
같다.

사람들끼리 자연스럽게 교류할 수 있도록 일부러 테이블 간
거리가 좁게 설계돼있기 때문이다. 맛있는 먹거리와 볼거리, 들뜬

분위기, 우연한 만남이 있는 일본의 마츠리에 방문한 느낌을 가부키요코쵸에서 체험할 수 있다. 어쩌면 도큐 가부키초 타워가 총체적으로 추구하는 것 또한 그런 것일지도 모른다. 인생의 축제 같은 한순간. 지루한 일상에 가끔 찾아오는 건전한 유흥은 삶의 활력소가 되어 주기도 하니까 말이다.

For More Information
주소: 1 Chome-29-1 Kabukicho, Shinjuku City, Tokyo
웹사이트: www.tokyu-kabukicho-tower.jp
소셜미디어: instagram.com/tkt2023official

読書バリアフリー

issue. 37

➡

독서
베리어
프리

차별에 분노한
아쿠타가와상 작가의 도발

| 日本 | MZ | トレンド | 流行 | レポート |

"오직 분노로 썼습니다. 『헌치백』으로 복수를 할 생각이었습니다. 제게 분노를 품게 해줘서 고마워요."

(怒りだけで書きました。「ハンチバック」で、復讐をするつもりでした。私に怒りを孕ませてくれてどうもありがとう。)

2023년 8월 25일, 도쿄에서 열린 제169회 아쿠타가와상 증정식에서 전동 휠체어를 타고 등장한 이치카와 사오(市川沙央)의 수상 소감 중 일부다. 척추가 휘는 선천성 근육병증을 앓아 인공호흡기로 숨을 쉬어야 하는 그는 목에 꽂은 기관 절개 호스를 왼손으로 눌러가며 담담하게 독설을 내뱉었다. '문학의 보편성을 해쳤다', '아쿠타가와상을 능욕했다' 등 본인에게 쏟아진 악플들을 언급하고는, 와타나베 츠네오(渡邊恒雄) 요미우리신문그룹 대표

©이하나

주필의 표현으로 잘 알려진 '악명이 무명보다 낫다(惡名は無名に勝る)'를 인용해 감사하다고도 했다. 그리고 다시 한번 호소한 것이 '독서 배리어 프리'다.

그는 앞서 열렸던 수상 기자회견, 각종 매체와의 인터뷰, 아쿠타가와상을 안겨준 작품 『헌치백』 속에서도 본인과 같은 장애인들의 열악한 독서 환경을 지속적으로 피력해왔다. 그래서인지 "슬슬 지겹나요?"라며 웃고서는, 출판 관계자들이 한자리에 모인 기회를 놓치지 않겠다는 듯 재차 '환경 정비'를 부탁했다. 그가 말하는 환경 정비란, 장애인들의 문화와 교육 접근성을 높이는 것. 특히 종이책의 전자화를 통해 장애인들의 독서권을 보장하라는 것이 요지다.

이치카와 사오는 전자책 출간에 무관심한 작가에게 직접 편지를 보냈던 경험을 밝히며, 전자화가 더딘 일본 출판계가 아니었다면 자신은 지금 이 자리에 없었을 것이라며 감사를 표했다(돌려까는 수준을 넘어 사실상 대놓고 비판한 것이다). 그가 이런 도발적인 태도로 출판업계를 발칵 뒤집으며 독서 배리어 프리를 주창하는 이유는, 본인과 똑같은 선천성 근육병증을 앓는 〈헌치백〉의 주인공 샤카의 독백에 잘 나타나 있다.

"나는 종이책을 증오한다. '눈이 보이고, 책을 들 수 있고, 책장을 넘길 수 있고, 독서 자세를 유지할 수 있고, 서점에 자유롭게 사러 다닐 수 있어야 한다'라는 다섯 가지의 건강성을 요구하는 독서 문화의 마치스모(machismo: 남자다움, 남성 우월주의)를 증오한다. 그 특권성을 깨닫지 못하는 이른바 '서책 애호가'들의 무지한 오만함을 증오한다."[1]

비장애인들 대부분은 종이책으로 하는 독서 행위가 특권임을 깨닫지 못한다. 독서뿐만 아니다. 전반적인 사회 시스템은 비장애인을 기준으로 구축되어 있다. 일본은 한국과 비교하면 장애인을 위한 인프라가 잘 갖춰진 편임에도 불구하고, 장애 당사자인 이치카와에 따르면 일본 사회에서 장애인은 존재하지 않는 것처럼 되어 있다는 것이다. 대학에서 졸업 논문을 쓰기 위해 장애인 차별에 대한 자료를 조사하다가 분노를 느끼고, 일본의 독서 배리어 프리 환경이 발전하지 않는 짜증과 초조함을 『헌치백』에 쏟아낼 수밖에 없었던 이유다. 누운 자세로 아이패드 미니를 양손에 잡고 엄지손가락을 이용해 '종이책을 증오한다'고 써 내려간 『헌치백』의 종이책이 30만 부나 팔렸다는 사실은 아이러니하기 짝이 없다.

장애뿐만 아니라 난독증, 일시적인 부상, 노안, 노화로 인한 신체 변화처럼, 살다 보면 누구나 독서 배리어 프리가 필요한 상황에 직면한다. 그렇기 때문에 일본은 2019년 6월, 장애 유무에 관계없이 모든 사람이 독서에 의한 문자·활자 문화의 수혜를 받을 수 있도록 하는 독서 배리어 프리 법(정식명칭은 시각장애자 등의

---

1 『헌치백』(이치카와 사오 저, 양윤옥 역, 허블, 2023) 중에서 주인공 샤카의 독백 텍스트를 발췌 인용하였음.

독서환경 정비 추진에 관한 법률)을 시행했다. 독서 배리어 프리를 고려한 형태로는 큰글씨 책이나 점자책, 오디오북, 전자책 등 다양하지만 그중에서도 전자책은 글씨 크기나 형태, 배경색을 자유롭게 변경할 수 있고 TTS(Text to Speech, 텍스트 음성 변환) 기능도 있어 훌륭한 독서 배리어 프리 환경을 제공한다.

하지만 일본의 출판업계는 여전히 독서 배리어 프리에 대한 의식이 낮아 전자책을 출간하지 않는 경우가 많다. 서점이나 도서관 또한 통로가 좁거나 책이 높은 곳에 있어 휠체어 사용자가 이용하기 어려운 실정이다. 독서 배리어 프리 법이 시행된 지 4년이나 지난 시점에서 장애인인 이치카와가 '아직 멀었다. 지금부터다'라고 말한 것만 봐도 짐작이 가지 않는가? 그가 아쿠타가와상을 수상하며 도발적인 태도를 취하지 않고 얌전하게 있었다면, '독서 배리어 프리'라는 개념은 일본에서 다시 한번 주목받지 못했을지도 모른다. 어째서 2023년에 이르러서야 중증 장애인이 아쿠타가와상을 처음으로 수상하게 됐는지 한번 생각해 봐달라는 그의 말에 많은 출판 관계자들이 뼈를 세게 맞았기를 바란다.

그나저나 글의 첫머리에서 소개한 이치카와의 수상 소감에는 다음과 같은 반전이 있다.

"지금 이렇게 여러분께 둘러싸여 있으니, 복수는 허무하다는 사실을 실감합니다. 저는 어리석고 얄팍했던 것 같습니다. 분노의 작가에서 사랑의 작가가 될 수 있도록 앞으로도 열심히 하겠습니다.”

(こうして今、みなさまに囲まれていると、復讐は虚しい、ということもわかりました。私は愚かで浅はかだったと思います。怒りの作家から愛の作家になれるようにこれからがんばっていきたいと思います。)

『헌치백』을 읽은 수많은 일본 독자들은 장애인들의 독서 환경에 대해 '상상해 본 적도 없었다'며 반성의 리뷰를 남겼다. 그러므로 희망이 싹텄다. 일본의 진짜 독서 배리어 프리는 지금부터 시작이다.

友達がやってる
カフェ／バー
issue.
38
친구가 하는
카페/바
우리는 모두 친구니까!
日本
MZ
トレンド
りゅうこう
流行
レポート

- 오하요! 웰케 빨리 왔어? ㅎㅎ

- 근처에 일이 있어서 잠깐 들렀는데 왜크

우리는 지금 막 처음 본 사이지만, 마치 오랜만에 만난 친구처럼 반갑게 반말로 인사한다. 왜냐하면 이곳은 '친구가 하는 카페'니까. 그리고 나는 '카페를 운영하는 친구'의 '카페에 놀러온 친구'니까.

집사 카페, 메이드 카페, 닌자 레스토랑 등, 콘셉트에 충실한 가게가 많기로 유명한 일본이지만 이건 또 무슨 참신한 콘셉트인가 싶다. 이름부터 그렇다. 친구가 하는 카페를 취재하러 간다고 했더니, 다들 되묻는다. "그 카페 이름이 뭐냐"고. 그래서 카페 이름이 '친구가 하는 카페'라고 세 번째로 설명하다가 깨달았다. 절대 잊어버릴 일이 없는 이름이구나... 제법 참신한데?

2023년 4월, 하라주쿠(原宿)에 오픈한 친구가 하는 카페는 '모두가 친구'라는 콘셉트를 가진 카페&바(낮에는 카페, 밤에는 바)다. 그래서 가게 안에서는 직원도 손님도 반말모드가 국룰이다. 말 놓을 용기와 감춰왔던 연기력을 끄집어 낼 차례다. 이러한 상호 반말 즉흥연기를 담은 영상들이 SNS에 마구 공유되면서 MZ세대들이 폭발적인 관심을 보였다. 요즘 유행하는 소비 트렌드인 몰입형 체험(Immersive)에 부합하고, 다른 콘셉트 카페들과도 차별화되는 부분이다.

여기서는 반말에 불편해하거나 굳이 애써 연기를 하며 현타가 오면 지는 거다. 도망치고 싶다면 메뉴판의 도움을 받자. '항상 마시던 거'(랜덤 드링크)를 비롯해서 '바빠 보이니까 금방 되는 걸로'(드립커피), '직원들 사이에서 제일 인기 있는 건 뭐야?'(크림 소다), '다나카가 항상 마시는 거 뭐였지?'(사과쥬스), '뭐였지? 그 둥근 과자…'(쿠키) 같은 대사들이 마련되어 있다. 내가 '요전에 교토에서 같이 마신 거 뭐였지?'를 주문했을 때 친구(직원)가 "말차라떼!"라고 말하며 환하게 웃는 순간, 하마터면 없던 추억이 생길 뻔했다. 직원 대부분은 현재 극단에 소속된 배우나 배우 지망생들. 언젠가 스타가 될지도 모르는 그들의 연기 연습 상대가 된다고 생각하면 그건 그거대로 즐겁다.

친구가 하는 카페를 프로듀스한 사람은 덴츠(電通)[1] 크리에이티브 디렉터 출신으로 주식회사 kakeru를 경영하는 묘엔 스구루(明円卓) 대표다. 어느 날 지인이 '근처에 친구가 하는 카페가 있는데 안 갈래?'하고 묻는 말에서 아이디어를 떠올렸다고 한다. 카페를 하는 친구가 있다는 부러움과, 릴렉스한 상태로 맛있는 커피를 마실 수 있겠다는 기대감을 느꼈다는 것이다. 일본의 서비스 업계는 '손님은 신(お客様は神様)'이라는 정신 아래 매뉴얼을 기반으로 한 세심한 접객이 중요시되어 왔지만, 묘엔 대표는 "손님

1 1901년에 창립한 일본 최대, 세계 5위 규모의 광고대행사. 일본에서 압도적인 시장 점유율을 자랑하며 연 매출 규모는 1조 4천억엔, 직원수는 6천명 이상이다.

과 점원의 입장을 동등하게 해봤을 때 어떤 체험이 가능할지, 그
걸 실험하고 있다"고 밝혔다.

그렇다고 '손님은 신'을 부정하진 않는다. 이렇게 힘을 뺀 접
객도 괜찮지 않냐는 하나의 제안이다. 또 사람들이 잠재의식 속
에 숨어 있던 욕구나 감각을 발견하도록 돕고 기쁨과 놀라움을 느
끼게 하려는 의도도 있다. 누구나 한번쯤은 '(연기를 통해) 딴 사
람이 되어 봤으면...', '근처에 친구가 하는 카페나 술집이 있었으
면...' 같은 생각을 하기 마련이니까.

화이트톤에 녹색으로 포인트를 준 가게 안은 세련되고 밝다.
비단 인테리어뿐만 아니라 분위기도 그렇다. 손님들은 시종일관
웃는 얼굴이고, 생기가 넘친다. 나와 교토에서 말차라떼를 같이
마셨다던 친구는 내가 심심할 때쯤 다가와 벚꽃보기 좋은 스팟과
본인의 카메라 기종, 최근 아침메뉴 등을 가르쳐주었다. 묘엔 대

표는 '힘을 뺀 접객'을 제안한다고 했지만, 직원들은 손님들의 분위기와 반응을 살피며 적절한 타이밍과 스몰 토크의 주제를 신중히 고르는 느낌이었다. 그들에겐 가게에 있는 모든 순간이 연기이자 고도로 발달된 감정노동일 텐데, 과연 정말 힘을 뺀 걸까 싶은 마음도 들었다.

가게 안에는 경쾌한 시티팝이 흘렀지만 나는 '서로 생긴 모습은 달라도 우리는 모두 친구~'라는 포켓몬스터 주제가가 뇌내 자동 재생되면서 말랑말랑해지는 기분을 느꼈다. 존댓말 문화인 우

리나라에도 이런 카페가 있다면 어떤 반응일지 상상해본다. 당연히 '반말 카페'라고 SNS에서 화제를 모을 것이다. 그리고 'E와 I의 반응 차이' 같은 유머가 떠돌 테고, 반말 콘셉트를 이해하지 못하면 '꼰대 인증'일지도 모른다.

알콜 메뉴를 제공하는 저녁 타임에는 술에 취한 손님이 반말에 흥분해 갑자기 소란을 피우거나 할지도 모르니 규칙이 필요하려나. 개인적으로는 외향형뿐만 아니라 낯선 사람과 스몰 토크가 어려운 내향형들이야말로 용기를 내서 꼭 체험해보면 좋을 듯한 흥미로운 가게다. 짧은 시간이지만 많은 생각과 감정이 폭풍처럼 지나갔다. 어느 시대보다도 복잡 미묘해진 동시에 단출하면서 소원해진 인간관계에 대해 다시 한 번 생각해본 이 참신한 '실험'이 계속 확장, 발전되길 바란다.

For More Information
주소: 3F, 6 Chome-6-2 Jingumae, Shibuya City, Tokyo
소셜미디어: instagram.com/tyc_harajuku

ザレイジーハウス

issue.
39

➚

더
레이지
하우스

the LAZY HOUSE

손님은
왕도 아니고 신도 아니야!

日本　MZ　トレンド　流行(りゅうこう)　レポート

앞에서 소개한 '친구가 하는 카페/바'와 비슷한 듯 아닌 듯한 가게가 또 있다. 2023년 7월 나고야(名古屋)에 오픈한 'the LAZY HOUSE'. '일본에서 제일 접객태도가 나쁜 레스토랑'이라는 수식어가 붙은 곳이다.

외관은 세련된 여느 레스토랑과 다를 바 없지만, 가게 문을 열고 들어선 순간부터 손님들은 본의 아니게 멘탈 강화 훈련을 받게 된다. 분명 가게 밖에서는 친절하게 콘셉트를 설명해 주던 점원이 돌변해 "거기 멍청한 여자 세 명 안으로 들어가!", "빨리 좀 앉지?" 같은 싸가지 없는 말들을 (당연히 반말로) 퍼붓기 때문이다. 메뉴판을 툭 던지는 건 기본이고, 손님이 메뉴를 제대로 말하지 못하면 대놓고 짜증을 낸다.

물론 서빙할 때도 마찬가지다. 예쁘게 플레이팅 한 요리를 내오면서도 맛있게 먹든지 말든지 알 바 아니라는 듯 그릇을 탁탁 소리 나게 내려놓고 휙 돌아서 가버린다. 심지어 손님이 계산을 하면 "돈 냈으니까 이제 볼일 없거든?" 하고 빈정거리기까지. the LAZY HOUSE에 방문한 일본의 어느 유명 유튜버가 물을 달라고 부탁하자 "밖에서 입 벌리고 서있어, 지금 비 오니까" 하고 짜증내는 걸 들었을 때는 오히려 감탄이 나왔다. 지금까지 이런 접객은 없었다! 이것은 비아냥인가 개그인가…!

'친구가 하는 카페/바'의 점원들이 친구인 척 연기를 하는 것처럼, the LAZY HOUSE의 점원들은 혼신을 다해 '싸가지 없음'을

연기한다. 두 곳의 공통점은 '손님은 신(お客様は神様)'이라는 개념을 부수고 점원이 손님에게 필요 이상으로 굽신거릴 필요가 없다는 메시지를 전하는 것이지만, 손님과 점원의 동등한 입장, 친근한 관계를 추구하는 '친구가 하는 카페/바'에 비해 the LAZY HOUSE는 '점원이 갑'이라는 조금 더 과격한 스탠스를 취했다.

가게 오너인 타케하라 타이키(竹原大樹) 씨에 따르면 "원래 접객 태도가 별로 좋지 않은 편이라 있는 그대로 접객해 보면 어떨까 싶어서" 이런 콘셉트를 잡았다고 하는데, 설마 MZ세대들이 폭발적인 관심을 보일 줄 예상했을까? 소문을 듣고 찾아온 MZ세대들은 점원에게 폭언을 듣고 조잡한 서비스를 받으면서도 연신 웃겨 죽겠다는 반응이다. 누군가의 연기를 보며 즐거워하는 인간의 본능과, SNS에 올릴 신선한 콘텐츠를 건졌다는 기쁨, 그리고 접객 경험이 있는 사람이라면 느낄 수밖에 없는 대리만족이라는 세 가지 욕구가 충족되는 시간인 것이다.

'the LAZY HOUSE'가 소개된 방송 클립영상의 댓글란에는 '점원도 손님도 서로 스트레스 풀릴 듯', '싸가지 없는 연기하는 것도 꽤 힘들 텐데', '가게 안과 밖에서 반전매력 쩐다', '꼰대들은 절대 못 가겠지' 같은 댓글이 달렸다. 흥미로운 건 대부분이 점원들의 입장을 헤아리거나 응원하는 댓글이라는 점이다.

하지만 그럼에도 불구하고 콘셉트의 특성상 트러블이 아예 없지는 않은 모양이다. 2024년 3월 the LAZY HOUSE의 한 여성 스태프가 틱톡 영상을 통해 접객 도중 손님에게 상해를 당했으며 경찰이 출동하는 소동이 벌어졌다고 밝혔다. 불친절한 접객에 겁먹은 아이가 울음을 터뜨리자, 아이의 아빠가 역정을 내며 스태프의 팔을 잡고 벽에 밀쳤다고 한다. 피해를 입은 스태프는 혹여나 접객 태도를 보고 조금이라도 화가 날 것 같다면 방문하지 않는 편이 좋다고 호소했는데, 댓글란에는 가게 콘셉트를 이해하지 못한 아이 아빠를 비난하거나 노키즈를 제안하는 댓글들이 쏟아졌다.

이러한 콘셉트는 어쩌면 금방 사라지는 허무맹랑한 실험일지도 모르지만, MZ세대들이 적극적으로 호응하고 공감하는 모습은 매우 흥미롭다. 어쩌면 그들이 일본의 서비스업계가 자랑하던 '손님은 신(お客様は神様)'이라는 미덕마저 바꿔버리는 건 아닐까? 물론, 일본은 좀처럼 쉽게 변하지 않겠지만 말이다.

For More Information
주소: 3 Chome-4 Yoshimotocho, Nakagawa Ward, Nagoya, Aichi
소셜미디어: instagram.com/the.lazy.house

鳥山明

issue. 40

토리야마 아키라

Toriyama Akira

희대의 명작을 남긴
레전드 만화가

| 日本 | MZ | トレンド | 流行 | レポート |

한국에서 〈드래곤볼〉이라는 만화를 모른다고 하는 30대~50대가 있다면 그 사람은 간첩이라는 것이 학계의 정설이다. 사실 간첩도 그 정도는 상식으로 준비하고 왔을 것이니 외계인이라고 해야 할지도 모르겠다. 1989년 12월 14일부터 추억의 만화잡지 〈아이큐 점프〉에서 정식 연재됐던 〈드래곤볼〉은 1990년대에 학창 시절을 보낸 청소년들의 공통된 취미이자 최고의 화젯거리였다.

일본만화의 해적판이 만연했던 당시 한국이 정식 라이선스로 수입한 첫 번째 작품일 뿐만 아니라 독특한 설정이나 등장하는 아이템들이 오늘날까지도 밈(meme)으로 쓰이는 레전드 작품이다. 무언가를 조금씩 사 모으는 행위를 비유한 '드래곤볼 한다', '드래곤볼을 완성했다'는 작중에서 7개의 구슬을 모으면 용신이 나타나 소원을 들어주는 아이템 '드래곤볼'에서 유래했으며, '목표를

위해 인내한다' 혹은 '여러 사람의 마음을 한데 모으다'라는 뜻으로 쓰이곤 하는 '원기옥을 모은다' 또한 주인공 손오공이 지구의 생명체들로부터 기를 모아 적을 물리치는 필살기인 '원기옥'에서 유래한 것이다.

이렇듯 한국 사회에도 지대한 영향을 미친 〈드래곤볼〉의 작가 토리야마 아키라가 2024년 3월 1일, 향년 68세로 세상을 떠났다. 사인은 급성경막하혈종이었다. 그의 부고 소식을 접한 전 세계의 팬들은 슬픔에 잠겼고 토리야마에게 영향을 받은 많은 후배 만화가들도 고인을 추모했다. 토리야마가 〈닥터 슬럼프〉, 〈드래곤볼〉 등을 연재했던 일본의 만화잡지 〈주간 소년 점프〉는 3월 25일 발매호에 후배 만화가 20명이 보내온 추모의 코멘트들을 실었는데, 〈원피스〉의 작가 오다 에이치로(尾田栄一郎)는 '만화를 보면 바보가 된다던 시대로부터 바통을 넘겨받아 어른도 아이들도 만화를 즐기는 시대를 만드신 분'이라고 토리야마의 업적을 기렸고 〈나루토〉의 작가 키시모토 마사시(岸本斉史)는 본인을 '드래곤볼 키즈'라고 칭하며 '저에게는 구원의 신이자 만화의 신이었다'고 찬사를 보냈다.

토리야마 아키라는 1978년 〈원더 아일랜드〉로 데뷔해 1980년부터 〈닥터 슬럼프〉의 연재를 시작했고, 1984년부터 약 10년에 걸쳐 그의 최고 걸작인 〈드래곤볼〉을 연재했다. 사실 드래곤볼의 탄생에는 초대 편집자였던 토리시마 카즈히코(鳥嶋和彦)의 공이 적지 않다. 두 사람 모두 성에 같은 한자(鳥)가 들어가는 점에서 특별한 연이 느껴진다.

〈닥터 슬럼프〉 연재 당시 반년 만에 그만두고 싶다며 슬럼프를 호소하던 토리야마에게 편집부는 완결 및 연재 종료를 허락하는 조건으로 〈닥터 슬럼프〉보다 더 인기를 얻을 만한 만화를 요구했다. 그래서 토리야마는 연재와 병행하여 시범적으로 단편만화들을 싣기 시작했는데, 그러던 와중에 토리야마가 성룡의 쿵푸 영화를 달달 외울 정도로 좋아한다는 걸 알게 된 토리시마 편집자가 배틀물을 권유했고, 그렇게 탄생한 단편 〈드래곤 보이(騎竜少年)〉가 인기순위에서 압도적인 1위를 차지하며 〈드래곤볼〉의 원형이 되었다.

〈드래곤볼〉은 일본이 자랑하는 강력한 글로벌 IP 중 하나다. 일본에서 평균 시청률 20%를 유지하며 1986년부터 1997년까지 방송된 애니메이션 시리즈는 세계 80여 개국에 수출됐고, 슈에이샤(集英社)에서 발행한 단행본은 전 세계 누적 발행부수가 2억 6,000만 부를 넘겼다. 토리야마가 직접 각본을 담당해 2022년에 공개된 영화 〈드래곤볼 슈퍼: 슈퍼 히어로〉의 전 세계 흥행 수익은 138억 엔이었고, 스마트폰 게임, 피규어, 카드 게임 등 반다이남코 홀딩스가 주도하는 〈드래곤볼〉 관련 사업의 세계 매출은 2013년부터 10년간 무려 8,881억 엔에 달한다.

토리야마 본인 또한 〈드래곤볼〉로 엄청난 수익을 거둔 것은 말할 필요도 없다. 단행본 인세 수익만 114억 4,000만 엔으로 추정되고, 기타 IP 수익을 포함하면 천문학적인 숫자였을 것으로 예상된다. 하지만 토리야마가 돈보다 훨씬 더 많이 얻은 것은 다름 아닌 명예가 아닐까? 한 만화가의 죽음에 정부 차원의 추모 성명을 발표하는 경우는 극히 드물기 때문이다.

일본 정부의 하야시 요시마사(林芳正) 관방장관은 2024년 3월 8일에 열린 기자회견에서 토리야마에 대해 "일본 콘텐츠가 세계에서 폭넓게 인정받고, 일본 관광객 증가로도 이어지는 등 매우 중요한 역할을 해주셨다. 앞으로도 (만화 등의) 소프트 파워를 일본의 매력으로 이어가기 위해 뛰어난 크리에이터 지원 및 일본 콘텐츠의 해외 진출 지원을 추진할 것"이라고 발언했다.

프랑스에서는 에마뉘엘 마크롱 대통령이 본인의 SNS에 토리야마에게 직접 받은 사인을 공개했고, 가브리엘 아탈 총리는 "신룡의 힘으로도 살려낼 수 없는 곳으로 그가 갔다"라고 안타까움을 표했다. 중국에서는 마오닝 중국 외교부 대변인이 "그의 작품은 중국에서도 환영받았다. 많은 중국 네티즌이 그를 기리고 있다"라고 애도했다.

그가 세상을 떠나고 약 열흘 뒤인 3월 10일, 아르헨티나의 수도 부에노스아이레스에는 수천 명의 군중이 모여 하늘을 향해 두 팔을 뻗었다. 〈드래곤볼〉에 나오는 '원기옥'을 모으기 위한 동작을 함께 하는 퍼포먼스로 토리야마를 추모한 것이다. 키시모토 마사시가 남긴 코멘트처럼 '만약 드래곤볼의 소원을 한 가지 이룰 수 있다면…' 그들은 분명 토리야마의 부활을 간절히 빌었을 것이다. 전 세계 수많은 팬들에게 재미와 모험, 추억이라는 드래곤볼을 선물하고 떠난 토리야마 아키라. 당분간은 그 빈자리가 너무나 크게 느껴지리라. 삼가 고인의 명복을 빈다. 그리고 감사의 마음을 전한다.

For More Information
소셜미디어: instagram.com/akira.toriyama

月見バーガー
issue. 41
츠키미 버거
21세기 자본주의형
달맞이 문화
日本
MZ
トレンド
りゅうこう
流行
レポート

일본에서 '아키노 요나가'(秋の夜長) 라는 문구가 보이기 시작
하면 가을이 찾아왔다는 뜻이다. '장장추야', 즉 '가을의 긴 밤'이
라는 뜻인데 매년 이맘때에는 '가을의 긴 밤을 멋지게 보내는 법',
'가을의 긴 밤과 함께할 만한 도서' 같은 제목의 기사나 콘텐츠를
쉽게 접할 수 있다. 곧이곧대로 모든 걸 다 따라했다간 어쩌면 밤
을 새워야 할 수도 있다.

점점 낮이 짧아지고 밤이 길어지는 9월을 일본식 명칭으로 '나
가츠키'(長月)라고 하는 걸 보면, 일본인들은 예부터 밤하늘에 뜬
달을 신비롭고 어여쁘게 여긴 것 같다. 대문호 나츠메 소세키(夏
目漱石)가 'I love you'를 일본인 정서에 맞게 소신껏 의역했다는
'달이 아름답네요(月が綺麗ですね)'가 일본의 대표적인 작업 멘트
가 된 것만 봐도 그렇지 않은가?

사실 이 일화에는 정확한 출처가 없지만 아무튼 달은 일
본인들의 심상에 꽤나 중요한 요소인 것 같다. 헤이안 시대
(794~1185)에 귀족들 사이에서 술잔에 비친 보름달을 보며 시를
읊는 '오츠키미'(お月見)가 유행했다고 전해지는데, 그 달맞이 풍
습이 21세기 다운 방식으로 유지되고 있는 걸 보면 말이다.

9월에 접어들면 각종 패스트푸드 프랜차이즈들이 '츠키미(月
見)' 프로모션으로 미친 듯이 경쟁에 나선다. 언론에서 '츠키미 전
쟁'이라고 일컫는 이 마케팅의 원조는 '마쿠도나루도'라고 읽는
바로 그곳, 맥도날드다. 1991년에 일본 맥도날드의 로컬 메뉴인

'츠키미 버거'(당시 290엔)가 처음 출시되었는데, 츠키미 버거에는 반드시 달을 상징하는 도톰한 계란후라이가 들어가며 재료에 살짝 변화를 준 신상 메뉴, 사이드 메뉴도 등장해 츠키미 패밀리라고 불리게 되었다. 2023년에는 계란과 소고기 패티, 베이컨, 치즈 그리고 일본 조미료인 시치미(七味)향이 나는 스키야키 소스로 구성된 '시치미카오루 규스키 츠키미 버거(七味香る 牛すき月見)가 새로 등장해 주목을 끌었다.

원래 츠키미와 관련된 음식은 '츠키미 소바' 혹은 '츠키미 우동'이 대표적이었다. 따뜻한 국물과 면 위에 살포시 얹은 계란 노른자가 마치 보름달을 보는 것 같다고 해서 붙여진 이름이다. 세월을 거슬러 올라가면 툇마루에 앉아 일본식 경단인 '츠키미 당고'를 먹으며 달을 보는 풍습도 있었지만, 주거환경이나 생활양식이 변화한 현대에는 툇마루가 없는 집도 많고 스마트폰 대신 하늘을 올려다보는 것 또한 쉽지 않다.

30년 전만 해도 맥도날드의 츠키미 버거가 21세기의 츠키미를 문화를 대표하는 먹거리가 되리라곤 아무도 상상하지 못했을 것이다. 애초부터 달맞이를 이미지 해서 개발된 것도 아니었다. 맥도날드는 당시 소비자 조사를 통해 햄버거 속 인기 재료가 계란이라는 것을 알게 되었고, 가을에 계란이 안정적으로 공급되는 점을 이용해 가을 신상 계란 햄버거를 개발하고자 한 것이 출발점이었다. 아마도 개발팀이 질릴 정도로 계란을 먹으며 완성시켰을 애증의 햄버거를, 가을의 운치를 한껏 살려 츠키미 버거라고 이름 붙인 것이다.

이렇게 수요와 공급, 계절의 삼박자가 잘 맞아떨어진 츠키미 버거가 인기를 끌자 언제부턴가 각종 유명 패스트푸드 프랜차이들도 츠키미 메뉴를 내놓기 시작했다. 2023년에는 맥도날드를 비롯해서 모스버거, 롯데리아, KFC, 퍼스트키친, 웬디즈, 도미노 피자, 피자헛, 코메다 커피점 등이 츠키미 전쟁에 참전했는데, 이제는 '계란=달' 공식에서 벗어나 떡이나 단호박, 해쉬 브라운 등 노랗거나 둥근 모양의 재료를 사용한 독자적인 츠키미 메뉴를 선보이는 곳도 있다. 소비자 입장에서는 골라 먹는 재미가 있으니 반

출처: 일본 롯데리아 홈페이지

가울 뿐이다.

개인적으로는 2019년에 처음 등장한 맥도날드의 츠키미 패밀리 중 하나, '츠키미 파이'가 진정한 승자가 아닐까 생각한다. 츠키미 파이는 'Z세대가 뽑은 2023년 하반기 트렌드 랭킹'의 먹거리 부문에서 4위(16.2%)를 차지할 정도로 많은 사랑을 받았는데, 달달한 팥과 쫀득한 떡을 파이 기지로 감싸 마치 붕어빵 꼬리 부분처럼 겉은 바삭하고 속은 쫀득한 식감이 일품이다. SNS를 보니 몇 개씩 냉동실에 쟁여놓고 먹는다는 사람들도 있길래 따라 해보기도 했다. 가격으로나 칼로리로나 부담이 없어 그런지 츠키미 버거보다 더 빨리 품절되는 현상이 빚어지곤 한다. 이쯤 되면 시즌 메뉴가 아닌 온고잉 판매가 간절하다.

사실 9월의 도쿄는 아직 무더위가 기승을 부리는 날씨지만 여기저기서 기업들의 츠키미 마케팅이 시작되면 곧 서늘한 가을이 다가온다는 기대감에 들뜨게 된다. 바쁜 현대인들이 풍류와 식욕을 동시에 충족하는 일석이조의 21세기형 달맞이 문화가 바로 손에 쥔 작은 달, 츠키미 버거가 아닐까? 올해 9월도, 내년 9월도 "이번 츠키미 버거 먹었어?" 하고 스몰토크를 시작하게 될 것 같은 예감이 든다.

ユニモック

issue.
42

유니모크

unimocc

명화를 마시는
작은 미술관

日本　MZ　トレンド　流行（りゅうこう）　レポート

　　요즘 일본에서는 미술 작품과 카페를 동시에 즐길 수 있는 갤러리 카페가 늘고 있다. 앞서 소개한 도쿄의 루프 뮤지엄(Lurf MUSEUM)을 비롯해, 왓카페(WHAT CAFE), 교토의 세계창고(世界倉庫), 나고야의 유리이카(EUREKA) 등, 코로나가 끝날 무렵부터 각 지역마다 가보고 싶은 갤러리 카페가 하나둘씩 생기기 시작했다. 특히 2023년 3월에 오픈한 오사카의 유니모크는 그 중에서도 가장 특색 있는 곳일 것이다. 주로 '공간'에 주력하는 다른 갤러리 카페와 달리 이곳은 '메뉴'에 힘을 쏟았기 때문이다.

　　유니모크에서는 유명 화가들의 명화를 마셔볼 수 있다. 클림트의 〈키스〉를 비롯해 알폰스 무하의 〈무도〉, 밀레이의 〈오필리아〉, 모네의 〈인상, 해돋이〉, 파울 클레의 〈서던 가든〉, 샤갈의 〈생일〉에서 영감을 받은 6가지의 'ART mock drink'가 바로 그것이다. 음료들의 사진을 본 순간 눈이 번쩍 뜨였다. 창의성과 예술성 모두 100점 만점에 100점이다. 음료 한잔으로 인스타 감성과 작품의 의미, 두 마리 토끼를 다 잡았다.

　　6가지 상시 메뉴 외에도 2023년 여름 시즌에는 고흐의 〈별이 빛나는 밤〉(서양배 스쿼시), 10월에는 뭉크의 〈절규〉(차이퐁 애플 밀크티), 2024년 2~5월에는 오사카에서 열린 〈모네 연작의 정경〉을 기념해 모네의 작풍에서 영감을 받은 음료 등, 기간 한정 메뉴를 선보이며 고객들의 발길을 사로잡고 있다.

　　음료뿐만 아니라 고객이 직접 화가가 되어 꾸며볼 수 있는 큐브 모양의 캔버스 케이크나 먹기 아까울 정도로 명화를 재현한 아이싱 쿠키도 인기다. 카페의 모든 메뉴는 스태프의 스케치를 바탕으로 고안한 오리지널. 유니모크에서 일하는 스태프 중에는 현역 예술가나 예술가 지망생도 있다. 갤러리 카페인만큼 갤러리 공간도 마련되어 작품을 전시할 때도 있다. 유니모크의 설계와 시공, 디자인을 담당한 주식회사 TSUDA CONSTRUCTION COMPANY는 '예술을 사랑하는 사람들이 교류하는 장을 만들고 싶어 기획했다'고 밝혔다.

일상에서 예술적인 감성과 상상력을 발휘할 수 있는 작은 미술관이자 커뮤니티의 역할을 기대한 것이다. 고객들은 가게 내부에 있는 8인용 스탠딩 테이블에 서 있어야 하지만, 그렇기 때문에 스태프와 고객, 고객과 고객 간의 친밀한 교류가 가능하다. 그들의 대화 속에는 분명 예술적인 영감이 조각조각 흩어져 있을 것이

출처: 유니모크
아트 카페 갤러리
홈페이지

다. 물론 인스타 감성 카페로 소비되는 측면도 있겠지만, 그만큼 예술이 일상 속에 깊숙이 침투한다는 점에서 그게 꼭 나쁘지만은 않다. 그런 의미에서 유니모크 한국 지점이 생겼으면 좋겠다. 아니, 그전에 도쿄 지점이 먼저려나. 가보고 싶은 카페가 자꾸 늘어만 간다.

For More Information

주소: 1F, 6 Chome, 3-25 Tanimachi, Chuo Ward, Osaka
웹사이트: www.unimocc.com
소셜미디어: instagram.com/unimocc

ワーナーブラザース
スタジオツアー東京

issue.
43

워너브라더스
스튜디오투어
도쿄

해리포터 덕후들의
새로운 성지

| 日本 | MZ | トレンド | 流行 ⁽ʳʸᵘᵘᵏᵒᵘ⁾ | レポート |

カフ
10F

いい気分
いい香り

Pitch
co.

9F

9F

最強

8F

7F

マッサージ
スーパー
バランス

6F

喫茶店
一品

5F

4F

영화 〈해리포터〉 시리즈가 개봉한 지 20년이 훌쩍 넘었지만 일본은 여전히 해리포터 팬들로 넘쳐난다. 단행본과 영화는 물론 게임, 연극, 기업과의 상품 콜라보레이션 등 매년 잊을 만하면 나타나는 새로운 콘텐츠가 일본 열도를 마법에 거는 것만 같다. 해리포터가 장수 IP가 된 데는 그러한 콘텐츠를 통해 팬들이 작품에 대한 관심과 애정을 꾸준히 유지할 수 있었기 때문일 것이다.

게다가 오사카에는 팬들의 성지로 자리매김한 유니버설 스튜디오 재팬(Universal Studios Japan)도 있다. USJ의 해리포터 존에 들어서자마자 영화 속을 재현해놓은 공간과 마주하는 덕후의 심장은 뛴다. 해리가 지팡이를 사기 위해 돌아다니던 상점가를 구경하고, 어트랙션을 타며 해리포터의 세계관에 흠뻑 빠지게 되는 순간의 뿌듯함을, 머글들은 아마 모를 것이다.

이런 '체험형 비즈니스'의 중요성을 잘 알고 있던 워너 브라더스 재팬의 타카하시 마사미(高橋雅美) 일본대표는 워너 브라더스 탄생 100주년을 맞이하기 5~6년 전부터 런던에 있는 워너 브라더스 스튜디오 투어(Warner Bros. Studio Tour London)의 일본 상륙을 추진했다. 코로나로 인한 어려움도 있었지만 100주년을 맞이한 2023년 여름에 오픈한다는 일념 하나로 모든 관계자들이 죽을힘을 다해 달렸다고 한다.

그리고 2023년 6월 16일, 아시아 최초이자 세계에서 두번째인 '워너 브라더스 스튜디오 투어 도쿄 - 메이킹 오브 해리 포터'가

팬들을 마법 세계로 인도하기 위한 문을 열었다. "최종적으로 일본이 선정된 것은 일본에는 팬이 많고, 향후 인바운드가 기대된다는 이유 등이 있지만, 무엇보다 일본 스태프 개개인의 열의, 열정이 컸다. 중장기적으로 프랜차이즈를 성공시키고 싶다는 비전도 있었다"라고 비하인드를 밝힌 타카하시 대표는, 스튜디오 투어 도쿄를 두고 '체험형 비즈니스를 위해 반드시 필요한 존재'라고 강조했다.

스튜디오 투어 도쿄는 약 9만평 부지에 새로 정비된 도쿄도립 네리마 죠시 공원(練馬城址公園)의 일부 구역에 자리잡고 있다.

같은 세계관을 공유하는 영화 해리포터 및 신비한 동물사전 시리즈의 촬영 세트장과 실제로 사용됐던 의상, 소품들을 직접 눈으로 보고 느낄 수 있는 '체험형 엔터테인먼트 시설'로서 세계 최대 규모를 자랑한다. 투어를 진짜 제대로 즐기면 4시간 정도 걸린다고 하니 시간과 체력의 여유가 필요하다.

실제로 체험한 스튜디오 투어 도쿄는 정말 대단했다. 섬세하고 높은 퀄리티로 재현된 세트들뿐만 아니라 소품, 의상, 크리처, 사운드 등 영화를 구성하는 각 요소들의 전시와 제작과정을 보며 연신 감탄사가 터져 나왔다. 특히 세계최초로 도쿄에서 선보인 마법

ⓒ이하니

ⓒ이하니

정부 세트는 압권이다. $900m^2$ 면적과 9미터 높이를 자랑하는 이 세트는 영화 제작에 참여한 영국 스태프들이 일일이 수작업으로 만든 것을 일본으로 운반했다고 한다.

모든 스튜디오에는 감상하고 사진을 찍는 것뿐만 아니라 직접 세트의 일부(움직이는 초상화)가 되거나 배우가 되는(플루 가루, 빗자루 비행 등) 체험도 해볼 수 있다. 또 빼놓을 수 없는 즐거움은 투어 중간 지점의 휴식 스페이스에서 맛볼 수 있는 버터비어다. 다 마신 뒤 컵을 씻어 기념품으로 가져올 수 있어 인기 만점이었다.

스튜디오 투어를 체험하기 전에는 성인 요금 6,300엔(2024년 4월 1일부터 6,500엔으로 인상되었다)이 너무 비싼 게 아닌가 싶었다. 하지만 몇몇 체험을 스킵했는데도 불구하고 두시간이나 걸린 투어를 마친후에는 그럴만 했다는 생각이 강하게 들었다. 이 시설은 해리포터에 대한 애정으로 세계관을 구현해낸 사람들과 그들이 만든 영화를 애정하는 팬들이 함께 써내려간, 해리포터에게 바치는 러브레터다. 그 러브레터는 다음 세대에도 반드시 전해질 것이라는 확신이 들었다.

For More Information
주소: 1 Chome-1-7 Kasugacho, Nerima City, Tokyo
웹사이트: www.wbstudiotour.jp
소셜미디어: instagram.com/wbtourtokyo

野球居酒屋

issue. 44

→

야구 이자카야

야구 때문에 울고 웃는 술집

| 日本 | MZ | トレンド | 流行 | レポート |

 2023년 일본프로야구(NPB) 정규 시즌(센트럴 리그) 및 일본 시리즈 우승팀은 한신 타이거즈(阪神タイガース)였다. 연고지는 효고현(兵庫県)이지만 오사카부(大阪府)와도 매우 가깝기 때문에 간사이(関西) 지방을 대표하는 인기 팀이며, 한국의 롯데 자이언츠와 자주 비교될 만큼 만년 꼴찌에 가까운 하위 팀인데다 광팬들이 많은 것으로 유명하다.

 한신 타이거즈가 18년 만에 센트럴 리그 우승을 거둔 2023년 9월 14일, 약 26명의 한신 팬들은 우승 시 오사카 도톤보리강(道頓堀川)에 다이빙을 하는 전통 문화라고 할 법한 세리머니를 펼치며 시원하게 기쁨을 맛봤다(다행히 부상자는 없었다). 또 1985년 이후 38년 만에 일본 시리즈 통산 두 번째 우승을 거머쥔 11월 5일에도 간사이 지방 곳곳에서 환희의 축제가 열렸다.

 평소 선수들에게 부담을 주지 않기 위해 우승을 우승이라 부르지 못하고 '아레(アレ, '그거'라는 뜻)'라고 돌려 말했던 오카다 아키노부(岡田彰布)감독의 '아레(A.R.E.)'가 2023년 신어·유행어 대상에서 대상을 차지했을 정도로, 한신 타이거즈의 우승은 엄청난 사건이었다.

 지역에 따라 약간의 차이가 있을지언정, 일본 야구팬들도 한국 못지않게 열정적인 건 틀림없다. 야구팬들이 모여서 중계를 보며 응원하는 '야구 이자카야'가 각 지역마다 존재하는 것만 봐도 그렇다. 연고지가 아니어도 상관없다. 도쿄에도 타 지역을 연고로

하는 한신 타이거스나 히로시마 도요 카프(広島東洋カープ) 팬들이 모이는 야구 이자카야가 있고, 간사이 지역에도 도쿄 연고의 요미우리 자이언츠(読売ジャイアンツ) 팬들이 모이는 야구 이자카야가 있다.

야구 이자카야는 대체로 유니폼이나 응원 굿즈, 각종 기념품들로 가득 찬 야구 박물관의 축소판인 경우가 많다. 사방이 온통 야구인 곳에서 같은 팀을 좋아하는 사람들과 모여 생맥주를 마시고 맛있는 음식을 먹으며 야구 중계 방송을 보고 함께 응원하는 것이다. 야구팬에게 이보다 더한 스트레스 해소법이 있을까?

도쿄에서 최근 인기를 끄는 야구 이자카야는 칸다(神田)에 위치한 큐지엔(球児園)이라는 곳이다. 이곳의 특이점은 프로야구의 특정 팀이 아닌 고교 야구 전체를 테마로 한다는 것. 사실 일본은 고교야구의 인기가 이상하리만치 높다. 야구부가 있는 고등학교만 4,000개가 넘고, 일본 전국 각지에 야구 명문 고등학교가 존재한다.

고교 야구선수들의 목표는 한신 타이거스의 홈구장이기도 한 한신 코시엔 구장(阪神甲子園球場)에 입성하는 것이다. 이곳에서 매해 3월 '봄 코시엔'(春の甲子園)이라고 불리는 선발 고등학교 야구대회(選抜高等学校野球大会)가, 8월에는 '여름 코시엔'(夏の甲子園)이라고 불리는 전국 고등학교 야구 선수권대회(全国高等学校野球選手権大会)가 열리기 때문이다. 교교 선수들의 성지인 코시엔에서는 매번 스포츠 만화급의 성장과 청춘 드라마가 펼쳐지곤 한다.

큐지엔이라는 이름은 큐지(球児, 야구 소년이라는 뜻)과 코시엔의 합성어로, 그 이름처럼 가게 내부 벽에는 코시엔의 우승 학교나 강호들의 유니폼이 정성스레 액자에 담겨 걸려 있다. 그 수만 해도 80개 이상이다. 카운터에는 어른이 되어 큐지엔을 찾아온 OB 선수들의 사인볼이 셀 수 없을 정도로 많이 진열되어 있다. 코시엔 출전 경험이 있는 손님들에게 받은 싸인까지 합치면 300개 이상이라고 한다. 흡사 고교 야구 박물관이라고 해도 될 정도로 고교 야구에 대한 사랑이 넘치는 곳이다.

그런데 야구팬이나 OB들이 그저 유니폼이나 사인볼을 구경하려고 이곳을 찾는 것은 아니다. 그들의 목적은 가게가 보유한 '야구 노트'. 큐지엔은 전 고교 야구선수가 방문할 경우, 명문 학교든,

출처: 큐지엔
홈페이지

약소 팀이든 관계없이 학교별 노트에 현재 연락처와 직업 등을 기입하게 한다. 그 노트들은 오직 같은 학교의 야구부 OB나 매니저만 확인 하에 펼쳐볼 수 있다. 노트를 통해 선후배들이 지금 어떻게 사는지 알아볼 수 있는 것이다.

점주의 말에 의하면 야구 노트는 고교 시절의 그리움을 느끼는 동시에 연락이 끊긴 관계를 다시 이어줄 연락망을 만들고 싶어 시작했다고 한다. 그렇게 차곡차곡 쌓인 야구 노트의 숫자는 2024년 1월까지 무려 1,200권이나 모였다. 최근 큐지엔이 인기를 끌면서 야구 노트의 숫자도 더욱 늘어날 기세다. 왕년에 야구 때문에 울고 웃은 사람들이 야구 노트를 펼쳐보며 또다시 울고 웃을 것이다. 전국 모든 야구 이자카야에서도 야구팬들이 공 하나에 울고 웃는다. '그깟 공놀이'가 그들의 청춘시대를 언제까지나 뜨겁게 달구고 있다.

For More Information
주소: 1 Chome-9-11 Kajicho, Chiyoda City, Tokyo
웹사이트: www.kyuujien.owst.jp
소셜미디어: instagram.com/kyujien.tokyo

ヨアソビ

issue. 45

요아소비

YOASOBI

네오 갈라파고스 시대의
도래

日本 | MZ | トレンド | 流行 | レポート

2023년 12월 31일, 일본 최대의 연말 가요제인 NHK 74회 홍백가합전(紅白歌合戰)에서는 진귀한 광경이 펼쳐졌다. 작사 작곡을 담당하는 아야세(Ayase)와 보컬 이쿠라(ikura)로 구성된 음악 유닛 요아소비(YOASOBI)가 히트곡 'Idol' 무대를 선보이던 중, 뉴진스, 세븐틴, 스트레이 키즈 등 K팝 아이돌 그룹들이 특별 출연해 춤추는 장면이 연출된 것이다.

물론 노기자카46, BE:FIRST 등 일본의 아이돌 그룹들의 모습도 보였지만 곡의 클라이맥스에서 무대에 총집합한 아이돌 그룹들 중 이쿠라의 양옆에 자리 잡은 건 뉴진스와 세븐틴이었다. 어쩌면 그 해 홍백가합전에서 가장 화려했던 요아소비의 무대를 두고 한국의 일부 네티즌들은 '감히 K팝 아이돌들을 백댄서로 세웠다'며 불편한 기색을 비쳤으나, 2023년에 세계적으로 히트친 일본의 'Idol'과 한국이 자랑하는 '아이돌'들의 기적의 콜라보인 것만은 확실했다.

그리고 2024년 1월 7일, NHK는 다큐멘터리 방송 NHK 스페셜에서 '세계에 울리는 노래 한일 POPS 신시대'라는 제목으로 요아소비와 뉴진스를 전면에 내세운 다큐멘터리를 방영했다. 2023년 8월, 미국 LA에서 열린 'Head in the Clouds Los Angeles Music & Arts Festival'에 처음으로 참여한 요아소비의 밀착 취재를 통해 세계를 향해 다시 문을 연 J팝의 새로운 흐름과, J팝보다 먼저 세계를 석권한 K팝의 성공 비결 등을 짚어보는 내용이었다. BTS를 비롯한 많은 K팝 아티스트들이 세계에서 활약하는 가운데 J팝은 요아소비를 필두로 이제 막 첫걸음을 내디뎠으며, J팝과 K팝이 함께 세계 음악시장에서 활약할 새로운 시대가 막을 열었다는 논지가 인상적이었다.

한국의 MZ세대 사이에서도 J팝이 점점 더 주목받고 있는 요즘, 요아소비의 활약은 특히나 눈부시다. 2023년 12월에는 아시아 투어의 시작점인 첫 내한 콘서트 YOASOBI ASIA TOUR 2023-2024 LIVE IN SEOUL을 개최했는데, 티켓 오픈 1분 만에 전석 매진을 기록하고 급하게 추가된 공연 회차 역시 1분 만에 매진되며 뜨거운 인기를 증명했다. 데뷔곡 '밤을 달리다(夜に駆ける)'를 비롯해 '군청(群青)', '괴물(怪物)', '조금만 더(もう少しだけ)' 등 수많은 히트곡을 선보이던 중 한국 특유의 공연문화인 떼창을 경험한 요아소비는 '팬들의 열정에 감동받았다'며 감격한 모습이었다.

J팝의 전환점, Idol

요아소비가 한국을 비롯해 세계적으로 인지도를 끌어올린 계기는 바로 2023년 4월 12일에 발매된 22번째 디지털 싱글 'Idol'이다. 넷플릭스에서 공개 중인 일본 애니메이션 〈최애의 아이〉(推しの子)의 오프닝 곡으로도 쓰인 이 곡은 2023년 빌보드 재팬 HOT 100 연간 랭킹에서 J팝 사상 최단기간 5억 스트리밍 달성 이외에도 라디오, 다운로드, 뮤직비디오의 4개 부문에서 1위를 차지

했다. 2023년 일본 YouTube 연간 랭킹에서도 'Idol' 뮤직비디오가 압도적인 1위를 기록했고, 오리콘 연간 랭킹 디지털 부문에서도 기간 내(2022. 12. 26.~2023. 12. 18.) 판매액 약 46억 엔을 기록하며 1위에 빛났다.

〈최애의 아이〉 원작 만화의 팬이었던 아야세가 곡 제작을 의뢰받기도 전에 팬심으로 만든 데모곡을 공들여 다듬었다는 Idol은, 타이틀의 '최애'에 해당하는 인물인 호시노 아이(星野アイ)의 심정이 고스란히 담긴 가사, 중독성 넘치는 멜로디와 실험적인 리듬, 휘몰아치는 전개가 인상적인 곡으로, 안 들은 사람은 있어도 한번 들은 사람은 없는 것 마냥 일본을 넘어 아시아, 그리고 세계를 휩쓸었다. 발매한지 2개월이 지난 6월 10일에는 미국 빌보드 글로벌 차트 Global Excl. U.S.에서 일본어곡 최초로 1위를 획득,

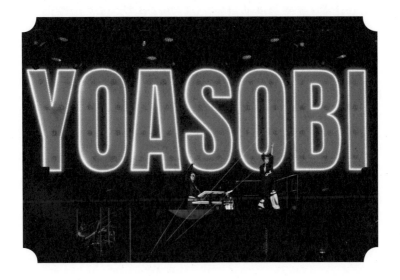

그로부터 약 한 달 뒤인 7월 1일에는 Global 200 7위에 오르는 기염을 토한 Idol에 대해, 「재팬 타임스」는 2023년의 J팝 총평 기사에서 이렇게 평가했다.

If you were to nail down a specific pivot point for J-pop in the decade so far, it would be the song "Idol".

(10년 동안의 J팝에 있어서, 구체적인 전환점을 꼽는다면 바로 'Idol'이라는 곡일 것이다)

세계를 매료한 네오 갈라파고스

요아소비의 Idol이 세계를 휩쓴 현상을 두고, 〈NewsPicks〉의 뉴욕 지국장 모리카와 준 씨는 '네오(Neo, 신新, 새로운) 갈라파고스 현상이 시작됐다'고 표현한다. 일본의 비즈니스 용어이기도 한 갈라파고스는 일본이 내수시장의 각종 분야에서 독자적인 서비스를 진화시켜온 것을 갈라파고스 제도에 빗댄 표현으로, 지금은 '우물 안 개구리' 같은 자조적인 의미를 띤다.

특히 피처폰 시절에 일본은 단말기나 통신 방식에서 독자적으로 개발한 기술을 사용해왔는데, 정교하고 우수한 기술이긴 하나 글로벌 스탠더드와 동떨어진 탓에 세계시장에서 경쟁력이 떨어지는 상황을 초래했다. 대중음악 산업 또한 갈라파고스 현상으로 인해 고립되어 갔다. 약 15년 전 유튜브가 한국에 상륙했을 무렵부터 뮤직비디오를 무료로 공개해 세계시장에서 인지도를 넓히는데 주력한 K팝과는 달리, 일본은 피지컬 앨범, 즉 CD 판매로 인한 내수시장 활성화를 고집했기 때문이다. 디지털화에서 뒤처진 J팝은 필연적으로 세계시장에서 존재감을 잃어갈 수밖에 없었다.

그런 점에서 갈라파고스는 일본의 족쇄이자 일본 기업들의 해결 과제로 지적받았지만, 적어도 컬처 영역에서만큼은 '일본에서 독자적으로 진화한 것들이야말로 흥행의 찬스가 있다'고 모리카와 지국장은 주장한다. 일본 국내에서 철저하게 갈고 닦여 소비자들의 마음을 사로잡은 것이야말로 세계에서도 히트한다는 것이다. 봉준호 감독이 영화 기생충에 대해 '가장 한국적인 것들로 가득 찼기에 전 세계를 매료시킬 수 있었다'고 한 것처럼, 요아소비 또한 '가장 일본적인 것들로 가득 찬' Idol로 세계를 매료시켰다는 분석이다.

아야세는 혼자 Idol의 데모를 만들 당시 '언젠가 보컬로이드로 내볼까?'하는 가벼운 마음으로 작업했었다고 한다. 사실 그는 데뷔 전부터 일본이 하나의 장르로 진화시켜온 보컬로이드(야마하가 제작한 음성 합성 프로그램. 하츠네 미쿠라는 캐릭터로도 알려져 있다) 음악 세계에서 인정받는 보카로P(ボカロP, 보컬로이드+프로듀서의 일본식 줄임말)였다. 보컬로이드 음악의 특징은 보통의 J팝보다 빠른 템포와 높은 음역대, 후렴 부분의 잦은 전조 등을 꼽을 수 있는데, Idol은 물론 요아소비의 곡 대부분이 아야세가 보

컬로이드 음악으로 익힌 작법의 영향을 받았다.

또한 '소설을 음악으로 만드는 유닛'을 표방하는 요아소비의 모든 곡에는 소설을 중심으로 한 다양한 형태의 '원작'이 존재한다. 특히 Idol은 최애의 아이 애니메이션화를 기획한 프로듀서가 '주제곡은 요아소비에게 의뢰할 것'을 강력히 희망해 원작자인 아카사카 아카가 요아소비의 작사를 돕기 위한 외전 소설 '45510'을 집필했다는 비하인드가 있다. 옛날부터 BGM뿐만 아니라 작품의 오프닝·엔딩곡 등 '애니송'까지 함께 제작하는 경우가 많았던 일본 애니메이션과 요아소비의 초대형 콜라보가 성사된 것이다. Idol은 일본이 세계에서 가장 잘하는 애니메이션이 근간이 된 곡이라는 점에서, 갈라파고스의 새로운 가능성을 선보였다.

더욱이 Idol의 멜로디에 요나누키(ヨナ抜き)를 부분적으로 차용한 점도 주목할만하다. 요나누키란 도레미파솔라시도에서 네 번째인 파와 일곱 번째인 시를 사용하지 않는 일본 전통 음계를 말한다. 1963년 미국 빌보드차트 HOT 100에서 3주 연속 1위를 차지했던 사카모토 큐(坂本九)의 'Sukiyaki' 또한 요나누키 음계였다는 건 우연의 일치일까? 그로부터 60년 후인 21세기, 더욱 세련되게 다듬어진 일본적인 멜로디가 또 한 번 세계인들의 귀를 사로잡았다는 사실이 흥미로울 따름이다.

참고로 앞서 소개한 NHK 다큐멘터리가 요아소비와 뉴진스를 함께 조명한 속내는 따로 있어 보인다. 그 힌트는 아야세가 2023

년 1월 3일에 본인의 트위터에 남긴 글에서 엿볼 수 있다.

新年早々New Jeansの新譜にやられたなこれ。良すぎて悔しくなった。今年は明確に明瞭に、勝ちにいく。

(새해초부터 뉴진스의 새 앨범에 넉다운 당함. 너무 좋아서 원통해. 올해는 명확하고 명료하게, 이기러 간다)

아야세는 다큐멘터리에서 29년간 일본에 살며 아무 불편함이 없었기에 평생 해외에 나올 일도 없었겠지만 그건 아닌 것 같다, 요즘 성장 속도가 완만해진 것 같다며 "LA로 이사를 생각 중"이라고 고백했다. 네오 갈라파고스라는 강력한 무기를 장착하고 세계에도 눈뜬, 요아소비의 당찬 진격이 기대된다.

For More Information
웹사이트: www.yoasobi-music.jp
소셜미디어: x.com/yoasobi_staff

2024/2025
일본에서 유행하는 것들

초판 1쇄 펴낸 날 | 2024년 6월 21일
초판 2쇄 펴낸 날 | 2024년 7월 19일

지은이 | 이하나
펴낸이 | 홍정우
펴낸곳 | 브레인스토어

책임편집 | 김다니엘
편집진행 | 홍주미, 이은수, 박혜림
디자인 | 이예슬
마케팅 | 방경희
표지 일러스트 | 윤태훈
취재지원 | 피치 커뮤니케이션

주소 | (04035) 서울특별시 마포구 양화로 7안길 31(서교동, 1층)
전화 | (02)3275-2915~7
팩스 | (02)3275-2918
이메일 | brainstore@chol.com
블로그 | https://blog.naver.com/brain_store
페이스북 | http://www.facebook.com/brainstorebooks
인스타그램 | https://instagram.com/brainstore_publishing

등록 | 2007년 11월 30일(제313-2007-000238호)